COLLECTION

DE

M. le Baron de BEURNONVILLE

TABLEAUX

OBJETS D'ART

ET D'AMEUBLEMENT

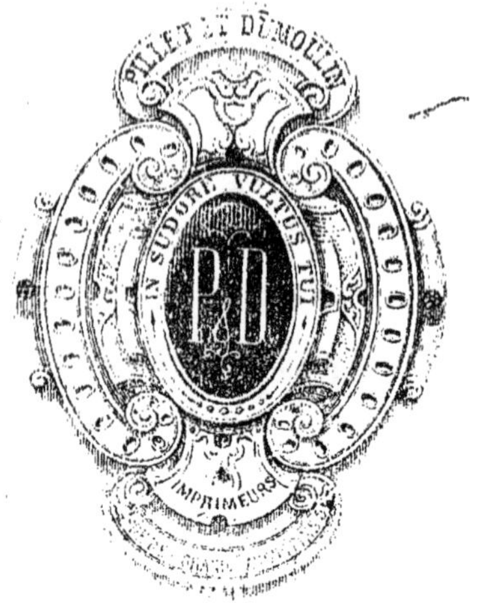
PILLET ET DUMOULIN
IN SUDORE VULTUS TUI
P&D
IMPRIMEURS

CATALOGUE

DE

300 TABLEAUX

ANCIENS

ET DES

OBJETS D'ART

ET D'AMEUBLEMENT

Anciennes Porcelaines de Chine, de Sèvres, de Saxe;
Emaux de Limoges; Miniatures;
Sculptures en marbre, en ivoire; Bronzes d'art; Bronzes chinois;
Emaux cloisonnés; Objets variés; Meubles anciens;
Bronzes d'ameublement; Sièges; Tapisseries; Tapis persans.

COMPOSANT LA

Collection de M. le baron de BEURNONVILLE

ET DONT LA VENTE AURA LIEU

3, RUE BAYARD, 3

Le Mardi 3 Juin 1884, et jours suivants

A deux heures.

COMMISSAIRE-PRISEUR

Me PAUL CHEVALLIER, 10, rue de la Grange-Batelière.

EXPERTS

M. CHARLES MANNHEIM	M. E. FÉRAL, PEINTRE
7, rue Saint-Georges	54, rue du Faubourg-Montmartre

M. B. LASQUIN, 12, rue Laffitte.

Chez lesquels se trouve le présent Catalogue.

EXPOSITIONS

PARTICULIÈRE. Les Samedi 31 Mai et Dimanche 1er Juin 1884,
PUBLIQUE. Le Lundi 2 Juin 1884,
De 1 heure à 5 heures.

CONDITIONS DE LA VENTE

La vente sera faite au comptant.

Les acquéreurs payeront *cinq pour cent* en sus des enchères applicables aux frais.

L'exposition mettant le public à même de se rendre compte de l'état des objets, il ne sera admis aucune réclamation une fois l'adjudication prononcée.

Paris. — Typ. Pillet et Dumoulin, 5, rue des Grands-Augustins.

OBJETS D'ART

ET DE CURIOSITÉ

DÉSIGNATION

ÉMAUX DE LIMOGES

1 — Coffret en bois doré, orné de cinq plaques rectangulaires, peintes en émaux de couleurs sur fond bleu, et attribués à *Jean Courtois*. Chacune d'elles représente une des divinités de la fable, assise dans un char. Celui de Vénus est traîné par des colombes, celui de Jupiter par des paons, celui d'Apollon par des chevaux ailés, etc.

Cette belle pièce provient de la collection Febvre.

Haut., 14 cent.; larg., 19 cent.

2 — Plaque cintrée à sa partie supérieure et provenant d'un baiser de paix. — Peinture en grisaille

sur fond noir, attribué à *Pierre Raymond*. Elle représente le sujet de la Lapidation de saint Étienne.

Haut., 95 mill.; larg., 75 mill.

3 — Jolie coupe ronde, peinte en émaux de couleur et sur paillons avec rehauts d'or. xvie siècle. Elle représente un sujet biblique, composé de cinq figures. Le piédouche est moderne.

Haut., 110 mill.; larg., 195 mill.

4 — Autre coupe ronde peinte en grisaille, chairs teintées. xvie siècle. Elle représente le Frappement du rocher. L'extérieur est décoré de cariatides, reliées par des entrelacs et des cartouches. Le piédouche est moderne.

Haut., 85 mill.; larg., 230 mill.

5 — Plaque carrée peinte en émaux de couleur, avec rehauts d'or, attribuée à *Jean Ier Pénicaud*. Elle représente Jésus devant Ponce-Pilate. Cadre en velours ponceau.

Haut., 16 cent.; larg., 13 cent.

6 — Plaque carrée. — Peinture en grisaille, chairs teintées. xvie siècle. Elle représente la Vierge et les apôtres. Dans un cadre en bois sculpté et doré.

Haut., 13 cent.; larg., 11 cent.

7 — Plaque rectangulaire en hauteur. — Peinture en émaux de couleur, traitée en ébauche et représentant une *pieta;* le Christ mort est couché sur les genoux de sa mère, accompagnée par quatre saints personnages. Italie, XVIe siècle (?). Cadre à moulures en écaille.

Haut., 25 cent.; larg., 19 cent.

8 — Deux plaques ovales, légèrement bombées. — Peinture en grisaille, chairs teintées sur fond noir, portant la date de 1561. Chacune d'elles représente saint Jean debout. Cadres en bois noir.

Haut., 16 cent.; larg., 13 cent.

9 — Plaque rectangulaire en hauteur.— Peintures en émaux de couleur, attribuées à *Léonard Limousin.* François Ier debout, portant le costume et l'agneau de saint Jean. Cadre doré.

Haut., 20 cent.; larg., 15 cent.

10 — Plaque de même forme. — Peinture en émaux de couleur, attribuée à *Léonard Limousin.* Elle représente Jésus au mont des Oliviers. Cadre en bois noir et or.

Haut., 27 cent.; larg., 21 cent.

11 — Plaque en hauteur. Peinture en émaux de couleurs. XVIe siècle. Jésus flagellé présenté au peuple. Cadre plaqué d'écaille rouge avec moulure guillochée en bois noir.

Haut., 19 cent.; larg., 13 cent.

12 — Plaque en hauteur. — Peinture en émaux de couleur, représentant le sujet de l'Annonciation. XVIe siècle. Cadre en bois noir à moulure guillochée.

Haut., 24 cent.; larg., 19 cent.

13 — Plaque rectangulaire en hauteur. — Peinture en émaux de couleur. XVIe siècle. Le Baptême du Christ par saint Jean. Cadre en bois noir.

Haut., 17 cent.; larg., 13 cent.

14 — Plaque rectangulaire en hauteur. — Peinture en émaux de couleur et sur paillons, attribuée à *François Limousin*. Elle représente le Christ vu à mi-corps et bénissant.

Haut., 13 cent.; larg., 10 cent.

15 — Plaque octogone. — Peinture en émaux de couleurs sur fond noir. XVIe siècle. — Elle représente le buste de sainte Barbe. Cadre à moulure en cuivre doré.

Diam., 15 cent.

16 — Petite plaque ovale. — Peinture en grisaille sur fond noir. — XVIe siècle. — Génie debout sonnant de la trompe. Cadre en bois sculpté et doré à couronne de laurier.

Haut. totale, 10 cent.; larg., 08 cent.

17 — Plaque carrée, peinte en émaux de couleurs. XVIe siècle. — La Flagellation. — Cette plaque est montée dans un cadre en cuivre formant bénitier.

Haut. totale, 20 cent.; larg., 12 cent.

18 — Plaque carrée peinte en émaux de couleurs. XVIe siècle. Elle représente le sujet de la Résurrection.

Haut., 12 cent.; larg., 10 cent.

19 — Plaque ovale, peinte en émaux de couleurs sur fond noir. XVIe siècle. Saint personnage vu à mi-corps.

Haut., 144 mill.; larg., 13 cent.

MINIATURES

20 — Portrait de La Fayette en buste, miniature ovale signée *Hall.* Cadre en bronze.

21 — Portrait d'homme en buste, cheveux poudrés, cravate noire, jabot, habit violet ; miniature ovale, signée *Hall.*

22 — Portrait présumé d'André Chenier, miniature ovale attribuée à *Hall.* Cadre en bronze ciselé entouré d'un cordon de perles.

23 — L'Oiseau mort, miniature de forme circulaire de l'école française.

24 — Portrait présumé de Louis XVII en buste, avec fond de paysage, miniature de forme ovale.

25 — Portrait de Louis XVI en buste, jolie miniature ovale, signée *Sicardi* 1784.

26 — Miniature représentant le portrait de Charles, cardinal de Lorraine.

27 — Miniature à l'huile, portrait présumé de Paul Potter. Cadre en argent garni de marcassite.

28 — Deux jolies miniatures dans le même cadre, portraits présumés de l'Empereur François de Lorraine et de Marie Thérèse.

29 — Portrait de petit garçon à cheveux blonds, miniature ovale, signature effacée et daté 1808.

30 — Petite gouache par *Willem Baur*, troupe de cavaliers et soldats jouant aux dés. Cadre en bois sculpté.

31 — Autre gouache par *Willem Baur*, représentant la Résurrection. Cadre en marqueterie d'ivoire et d'écaille.

32 — Gouache par *Willem Baur*, représentant Jésus prêchant au peuple sur le lac de Genezareth.

33 — Gouache par *Willem Baur*, le Baptême du Christ, pendant de la précédente. Cadres en écaille.

34 — Portrait présumé de *Greuze*, miniature ovale.

35 — Portrait présumé de l'acteur Nourrit, miniature attribuée à *Jules Vernet*.

36 — Picador attaquant le taureau, très petite peinture à l'essence, attribuée à *Goya*.

37 — Deux bustes, homme à bonnet rouge et femme de profil, petites peintures à l'huile de l'école de Rembrandt.

38 — Portrait de jeune homme en manteau rouge, miniature attribuée à *Vien* fils.

39 — Portrait de Chateaubriand, miniature signée *Augustin.*

PORCELAINES DE CHINE

40 — Deux grandes et très belles potiches en ancienne porcelaine de Chine à riche décor en émaux de la famille verte, représentant des roches, des oiseaux, des fleurs et des arbustes, avec jolies bordures en quadrillés interrompus par des réserves contenant divers ustensiles. Les couvercles, dont l'un est restauré, sont surmontés de chimères rapportées en bronze ciselé et doré. Pièces de belle qualité.

Haut., couvercles compris, 72 cent.

41 — Vase balustre de forme très élégante, en ancienne porcelaine de Chine à très beau décor dit à lambrequin en émaux de la famille verte, consistant en zones de fleurs et de chimères se détachant sur un pointillé noir. Jolie pièce de belle qualité.

Haut., 41 cent.

42 — Belle bouteille à col élancé en ancienne porcelaine de Chine de la famille verte, décorée sur la

panse de chimères et de rosaces et sur le col d'ornements affectant la forme de feuilles à bords festonnés.

Haut., 45 cent.

43 — Bouteille en céladon turquoise truité, avec socle en bois dur à ornements découpés.

Haut., socle compris, 37 cent.

44 — Beau vase, modèle rouleau, en ancienne porcelaine de Chine de la famille verte, décoré sur la panse d'une grande composition à nombreux personnages et sur la gorge de scènes enfantines.

Haut., 47 cent.

45 — Beau vase, de même forme, en ancienne porcelaine de Chine de la famille verte, décoré de deux grands compartiments de fleurs et d'oiseaux et de petits médaillons de plantes aquatiques, en réserve sur un fond rouge semé d'ornements.

Haut., 45 cent.

46 — Deux flacons à Kalian piriformes surmontés de cinq goulots droits en ancienne porcelaine de Chine, émaillés violet flambé et relevé de fleurs et de personnages en dorure.

Haut., 21 cent.

47 — Beau vase à couvercle, forme pot à tabac, en ancienne porcelaine de Chine, richement décoré en émaux de la famille rose. Sur la panse sont quatre médaillons à fond jaune impérial contenant des chimères en émail rose. Ces médaillons sont entourés de chrysanthèmes se détachant sur un fond bleu lapis chargé de petites arabesques en émail blanc. Monture en bronze ciselé et doré.

Haut., 35 cent.

48 — Beau vase à couvercle, modèle dit pot à tabac, en ancienne porcelaine de Chine de la famille verte, richement décoré de quatre compartiments à corbeilles de fleurs et de branchages, en réserve sur un fond d'émail vert simulant un dallage de carreaux hexagones, contenant des fleurettes jaunes. Dans l'entredeux des compartiments est un dragon en émail bleu et les bordures sont formées de quadrillés en rouge.

Haut., 32 cent.

49 — Joli plat rond en ancienne porcelaine de Chine à décor en émaux de la famille verte, à médaillon de paysage au centre et de compartiments d'arbustes, d'oiseaux et de modèles reliés par des encadrements de fleurs arabesques.

Diam., 36 cent.

50 — Plat rond en ancienne porcelaine de Chine, décoré en émaux de la famille rose d'un sujet familier au centre et de fleurs polychromes sur fond vert pointillé avec réserves de fleurs.

Diam., 35 cent.

51 — Joli coupe ronde en ancienne porcelaine craquelée gris verdâtre de la Chine, garnie d'une jolie monture en bronze doré à anses, ornée de mascarons.

Haut., 14 cent.
Diam., 18 cent.

52 — Cornet à panse renflée en ancienne porcelaine de Chine, décoré en émaux de la famille verte à fleurs, rochers et oiseaux.

Haut. 45 cent.

53 — Cornet analogue à celui qui précède. Celui-ci est décoré à sa base d'ornements émaillés jaune, vert, bleu et rose.

Haut., 45 cent.

54 — Théière sphérique en ancienne porcelaine de Chine, fond brun dit capucin et réserves de formes variées, contenant des figures et des fleurs en camaïeu bleu.

Haut. 20 ce

55 — Coupe ronde à deux anses et à couvercle en ancienne porcelaine de Chine, décorée de fleurs, d'oiseaux et d'ornements en émaux de la famille verte, sur socle à consoles en bois noir.

Diam., 28 cent.

56 — Petit vase en forme de balustre en ancienne porcelaine craquelée gris de la Chine à bandes d'ornements gaufrés en relief et émaillés brun.

Haut., 22 cent.

57 — Joli cornet en ancienne porcelaine de Chine fond bleu fouetté à réserves de fleurs, décoré en émaux de la famille verte. Il est monté en lampe Carcel en bronze doré.

Haut., 45 cent.

58 — Deux petites lampes dans des vases balustres en ancienne porcelaine de Chine, décorées en émaux de la famille rose et montées en bronze.

Haut., 30 cent.

59 — Vase en forme de balustre à couvercle en ancienne porcelaine de Chine, décoré de fleurs et d'ornements en rouge, vert et or. Il est garni en cuivre.

Haut., 37 cent.

60 — Petit cornet en ancien céladon bleu turquoise, avec renflement médian.

Haut., 19 cent.

61 — Petit vase en forme de baril en porcelaine de Chine jaspée violet.

Haut., 23 cent.

62 — Deux pièces en ancienne porcelaine de Chine, décorées de fleurs et d'ornements. Petite théière et sucrier sans couvercle.

Ces deux pièces proviennent, dit-on, du service de Mme de Pompadour.

Haut., 09 cent.; larg., 11 cent.

63 — Flacon carré en ancienne porcelaine de Chine, décoré de fleurs, d'oiseaux et d'ornements polychromes.

Haut., 15 cent.

64 — Vase en forme de carafe à panse large et col droit, garni de deux anses cylindriques et verticales en ancien céladon vert d'eau de la Chine, gaufré à ornements.

Haut., 35 cent.

65 — Vase en forme de balustre à côtes en ancienne porcelaine de Chine, émaillée bleu flambé, garni d'une monture en bronze ciselé et doré.

Haut., 34 cent.

66 — Deux pièces en ancienne porcelaine de Chine de la famille verte, à décor d'oiseaux, de branchages et de fleurs : petite théière sphérique et moutardier à couvercle fixé par une monture d'argent.

Haut., 10 cent.; larg., 08 cent.

67 — Grosse bouteille en ancienne porcelaine de la Chine, émaillée gros bleu uni.

Haut., 55 cent.

68 — Beau vase en forme de balustre en ancienne porcelaine de la Chine, décorée de quatre poissons se détachant en rouge sur un fond bleu de Perse fouetté, relevé de dorures.

Haut., 45 cent.

69 — Potiche à couvercle, décorée d'oiseaux, de fleurs et d'arabesques en bleu sur fond jaune impérial.

Haut., 50 cent.

70 — Deux petits vases, décorés en émaux de la famille verte, de branchages de fleurs et d'oiseaux.

Haut., 17 cent.

71 — Vase en céladon vert d'eau, à décor de fleurs et d'arabesques en relief sous la couverte. Socle en bois.

Haut., 45 cent.

72 — Jolie gargoulette en ancienne porcelaine de la Chine ; la partie inférieure de forme sphérique est émaillée brun uni et surmontée d'une zone à craquelures très fines ; les deux renflements supérieurs et le col du vase sont décorés en bleu de fleurettes et de lambrequins.

Haut., 25 cent.

73 — Bouteille décorée en bleu de six compartiments à fleurs ; le col, très élancé, est garni de deux petites anses trompes d'éléphants, ayant conservé les traces d'un ancien décor métallique.

Haut., 26 cent.

74 — Buire à côtes, à décor de fleurs en bleu sur un fond vermiculé en rouge ; elle est surdécorée à froid et le couvercle est fixé à l'anse par une monture en argent.

Haut., 14 cent.

75 — Petit vase en porcelaine de Chine, décorée en bleu de dragon au milieu de nuages en brun ; le col présente des caractères inscrits dans de petits médaillons en réserve sur une bordure bleue.

Haut., 15 cent.

76 — Deux vases en ancienne porcelaine de la Chine de la famille verte, décorée de compartiments à

vases, brûle-parfums et ustensiles variés, alternant avec des arbustes fleuris. Bordure à carrelage. Monture en bronze ciselé et doré : les couvercles surmontés d'une graine se relient au vase par une gorge ajourée, et le socle aussi en bronze repose sur quatre pieds repliés en volutes.

Haut., 35 cent.

77 — Deux petits flambeaux en porcelaine de la Chine avec monture en argent.

Haut., 19 cent.

78 — Douze assiettes en ancienne porcelaine de la Chine, décorée au centre de vases et de bouquets, et sur le marli de réserves de fleurs alternant avec une bordure émaillée bleu d'azur et décorée de marguerites.

Diam., 23 cent.

79 — Trois assiettes en vieux chine, décorées en émaux de la famille rose, de fleurs au centre et d'une jolie bordure à lambrequin sur le marli.

Diam., 23 cent.

80 — Cornet en porcelaine de la Chine, à fond noir, semé d'arabesques vertes et de grosses fleurs en émaux de couleurs.

Haut., 40 cent.

81 — Vase cylindrique à col évasé en ancienne porcelaine de Chine, décorée en émaux de couleurs, d'un sujet à plusieurs personnages, dont l'un trace des inscriptions sur une tenture pendue au long des rochers.

Haut., 41 cent.

82 — Potiche octogonale à couvercle en ancienne porcelaine du Japon, décorée en bleu, rouge et or.

Haut., 61 cent.

83 — Deux assiettes en vieux chine, décorées au centre d'un vase de fleurs, et sur le marli d'une double bordure en émaux bleu et rose.

Diam., 23 cent.

84 — Deux compotiers en vieux chine, à bords festonnés, à décor de branchages au centre et bordure composée de compartiments variés, rayonnant et semé de fleurs à rehauts de dorure.

Diam., 24 cent.

85 — Trois plats ronds décorés en émaux de couleurs, en rouge et en dorure, d'une grosse fleur au centre et de quatre motifs de fleurs sur le marli et la chute.

Diam., 25 cent. 1/2.

86 — Deux assiettes en vieux chine, l'une à fleurs et bordure pointillée, de la famille verte; l'autre à réserves de fleurs et de paysages sur fond bleu.

Diam., 21 cent.

87 — Très jolie assiette en ancienne porcelaine mince de la Chine, finement décorée en émaux de la famille rose d'un sujet familier à quatre figures au centre et d'une quintuple bordure d'une riche ornementation sur la chute et le marli.

Diam., 20 cent. 1/2.

88 — Plat rond en vieux chine, à décor en émaux de la famille rose, à corbeille de fleurs au centre et réserves d'ustensiles variés sur fond rose et bleu pâle quadrillé, alternant au marli.

Diam., 36 cent.

89 — Plat rond en vieux chine, décoré au centre d'un médaillon à paysage, avec triple bordure de fleurs et de quadrillés sur la chute et le marli.

Diam., 32 cent.

90 — Petite tasse et sa soucoupe octogones, à décor de fleurs et de flammèches en émaux de la famille rose.

Diam. de la soucoupe, 10 cent.

91 — Deux petites tasses et leurs soucoupes, à décor en émaux de couleurs, à fleurs et bordures à lambrequin.

Diam. de la soucoupe, 11 cent. 1/2.

92 — Petite tasse et soucoupe côtelées, à décor de fleurs et bordure émaillés roses.

Diam. de la soucoupe, 11 cent.

93 — Trois soucoupes en chine, deux à réserves de paysages sur fond bleu, la troisième à compartiment de fleurs sur fond rose.

Diam., 14 cent.; larg., 11 cent.

94 — Deux tasses avec soucoupes en chine à réserves de paysages sur fond bleu de Perse relevé de dorure.

Diam. des soucoupes, 18 cent.

95 — Deux petites tasses à décor de coqs et de corbeilles de fleurs en réserve sur fond doré et quadrillé.

Diam. des soucoupes, 10 cent. 1/2.

96 — Deux petites bouteilles en chine à décor de branchages en bleu, le col est garni de deux petites anses trompes d'éléphants à anneaux mouvants.

Haut., 17 cent.

PORCELAINES DE SÈVRES

97 — Grande tasse droite en ancienne porcelaine de Sèvres, pâte tendre, à fond bleu lapis relevé de dorures et décoré de trois médaillons ovales en grisaille, représentant les portraits des *ambassadeurs du sultan Tipoo-Saïb, admis à l'audience du roi, le 10 aoust 1788*. La soucoupe offre au centre un médaillon circulaire et sur le bord trois médaillons ovales représentant des narghilés, des coffrets, des bijoux peints en grisaille et réservés sur un fond bleu semblable à celui de la tasse.

Haut. de la tasse, 78 mill.; diam. de la soucoupe, 150 mill.

98 — Grande et belle écuelle ronde à deux anses doubles et à couvercle surmonté d'une branche dorée accompagnée d'un plateau oblong à double anse rocaille, en ancienne porcelaine de Sèvres pâte tendre, décorée de jetées de fleurs. Époque Louis XV. (Lettre B, 1754).

Diam. de l'écuelle, 17 cent.; long. du plateau, 32 cent.

99 — Deux saucières oblongues à deux anses doubles en ancienne porcelaine de Sèvres pâte tendre, décorées de jetées de fleurs et avec filets bleu au bord.

Long., 23 cent.

100 — Sucrier à couvercle en ancienne porcelaine de Sèvres pâte tendre, décorée de jetées de fleurs et de filets bleus au bord.

Haut., 10 cent.

101 — Petite tasse à deux anses et à couvercle plat surmonté d'une fleurette, en vieux sèvres pâte tendre, fond gros bleu et médaillon d'oiseaux et un plateau à bord festonné en porcelaine tendre, à guirlande de fleurs avec bordure gros bleu rehaussé de dorure.

Diam. du plateau, 14 cent.

102 — Tasse et sa soucoupe en ancienne porcelaine de Sèvres pâte tendre, à médaillon représentant des amours en camaïeu rose et bordure à festons de feuillage et œil-de-perdrix en dorure.

Diam. de la soucoupe, 135 mill.

103 — Tasse droite et soucoupe en porcelaine de Sèvres pâte tendre, à décor de treillis de roses avec bordure de rinceaux en dorure.

Diam. de la soucoupe, 135 mill.

104 — Tasse droite et soucoupe en vieux Sèvres pâte tendre, à bandes obliques et bordure bleu lapis relevées de filets en dorure.

Diam. de la soucoupe, 12 cent.

105 — Petite tasse droite et sa soucoupe en porcelaine de Sèvres pâte tendre, décorée de guirlandes de feuillages, alternés de petits médaillons, sous une double bordure bleue et rose, avec rehauts de dorure.

Diam. de la soucoupe, 11 cent.

106 — Tasse droite et sa soucoupe en porcelaine de Sèvres pâte dure, à décor en dorure avec double filet bleu au centre.

Diam. de la soucoupe, 12 cent.

107 — Très petite tasse droite en ancienne porcelaine de Sèvres pâte tendre, décorée d'un semis de fleurettes et d'une bordure rose relevée de dorure et de points d'émail blanc et noir.

Haut., 34 mill.

PORCELAINES DE SAXE

108 — Saxe. — L'Europe personnifiée par une figurine de femme assise, tenant un sceptre et ayant à ses pieds les attributs des Sciences et des Arts, et derrière elle un cheval debout. (Cette pièce est restaurée.)

Haut., 26 cent.

109 — Pot à crème en ancienne porcelaine de Saxe à ornements rocailles gaufrés et décor d'oiseaux et de papillons.

Haut., 19 cent.

110 — Quatre tasses et leurs soucoupes en ancienne porcelaine de Saxe, décorée de papillons et d'insectes.

Diam. de la soucoupe, 13 cent.

FAIENCES

111 — Fabrique hispano-moresque. — Deux cornets décorés de zones d'ornements à reflets métalliques mordorés et rouge cuivreux.

Haut., 30 cent.

112 — Même fabrique. — Plat rond à décor à reflets métalliques mordorés et bord à ornements gaufrés rehaussé de bleu.

Diam., 41 cent.

113 — Fabrique de Deruta. — Petit plat rond à décor à reflets métalliques irisés, rehaussé de bleu sur fond blanc. Au fond, buste de jeune fille de profil à droite ; au marli, rayons alternant avec des branches de fleurs.

Diam., 24 cent.

114 — Même fabrique. — Vase à panse sphérique et à gorge sur piédouche bas, décoré d'arabesques à reflets métalliques bleu nacré rehaussé de bleu.

Haut., 24 cent.

115 — Fabrique de Rouen. — Beau plat rond à riche décor bleu et rouille, à rosace au centre et lambrequins ornés au marli et à la chute.

Diam., 49 cent.

SCULPTURES

116 — Marbre blanc. — Le Printemps, statuette de jeune fille nue, debout, accoudée sur un tronc d'arbre et tenant des roses de chaque main. — Gracieuse figure attribuée à FALCONET.

Haut., la terrasse comprise : 74 cent.

117 — Marbre blanc. — Bas-relief circulaire représentant la Vierge et l'Enfant-Jésus; sculpture italienne de l'école florentine, dans le style de MINO DE FIESOLE; placée dans un encadrement de serpentine à fleurs.

Diam., 65 cent.

118 — Terre cuite. — Groupe de quatre bacchants, d'après Clodion.

Haut., 45 cent.

119 — Terre cuite. — Buste de Vénus, la tête inclinée sur la poitrine, les cheveux ondulés et nattés sur la nuque. Sculpture italienne du XVIe siècle. Dans le style de JEAN DE BOLOGNE.

Haut., piédouche compris, 59 cent.

120 — Albâtre. — Vase décoré de fleurs et de feuillages, entouré par un serpent, et à culot godronné. Le couvercle est surmonté d'une pomme de pin en bronze doré et se relie au vase par une collerette en bronze ajouré. XVIIIe siècle.

Haut., 40 cent.

121 — Marbre blanc. — Buste de Galilée grandeur petite nature.

Haut., 50 cent.

122 — Bois — Haut-relief applique, représentant une pieta. Le Christ mort est étendu sur les genoux de sa mère ; six saints personnages entourent le groupe principal. XVIe siècle.

Haut., 95 cent.; larg., 70 cent.

123 — Bois. — Jolie frise du XVIe siècle, décorée de rinceaux et d'animaux fantastiques sculptés en bas-relief.

Haut., 25 cent.; larg., 2 m. 25 cent.

124 — Bois. — Panneau en hauteur sculpte en bas-relief et représentant deux enfants debout soutenant un écusson renfermant deux bustes, et sur lequel repose un personnage tenant un serpent. XVIe siècle.

Haut., 58 cent.; larg., 27 cent.

125 — Bois. — Autre panneau sculpté en bas-relief et représentant un génie ailé debout.

Haut., 45 cent.; larg., 18 cent.

126 — Marbre tendre. — Buste du roi Louis XVI, placé sur un piédestal aux armes de France.

Haut., 22 cent.

127 — Ivoire. — Beau groupe représentant la Vierge assise, drapée dans un ample manteau, et allaitant l'Enfant Jésus. Bon travail allemand du XVe siècle. Collection Ruhl, de Cologne.

Haut., 17 cent.

128 — Ivoire. — Beau bas-relief en forme de fronton, représentant Jésus succombant sous le poids de la croix. Travail remarquable de l'école de MICHEL-ANGE.

Haut., 12 cent.; larg., 27 cent.

129 — Pierre. — Bas-relief représentant le corps du Christ reposant sur les genoux de la Vierge et

entouré d'anges. Travail du XVIIe siècle. Cadre en bois sculpté.

Haut., 09 cent.; larg., 11 cent.

130 — Marbre blanc. — Buste d'homme grandeur nature, rapporté sur une chlamyde en stuc. Travail italien.

Haut., 70 cent.

131 — Albâtre. — Statuette de saint Sébastien, debout, les mains liées derrière le dos, attaché à un arbre.

Haut., 47 cent.

132 — Marbre tendre. — Bas-relief composé de douze figures et représentant Jésus et la femme adultère. Travail allemand de la fin du XVIe siècle.

Haut., 36 cent.; larg., 31 cent.

133 — Ivoire. — Groupe de trois figures nues, Hercule terrassant deux hommes renversés. Haut., 20 c., signé G. F. — Piédestal en ébène, décoré sur la face d'une marqueterie de cuivre, d'écaille et d'étain.

BRONZES D'ART

134 — Buste de Gluck, bronze Louis XVI, placé sur un fût de colonne en marbre turquin avec soubassement en bronze doré.

Haut., 33 cent.

135 — Chandelier ou pied de reliquaire en bronze ciselé et doré, à riche ornementation à dauphins, vases et arabesques; la tige présente un nœud médian, de forme sphérique, et le pied repose sur trois griffes de lions. Bronze italien du XVIe siècle.

Haut., 26 cent. 1/2.

136 — Statuette de Judith debout, le pied sur la tête d'Holopherne. Bronze italien du XVIe siècle à patine noire. Socle en porphyre rouge d'Orient avec plinthe en marbre noir.

Haut., socle compris, 27 cent.

137 — Statuette de saint Jérôme. Bronze italien du XVIe siècle, sur socle en bois noir.

Haut., socle compris, 20 cent.

138 — Vase brûle-parfums, de forme ovoïde, en spath fluor, monté à anses têtes de bélier et ornements

en bronze ciselé et doré, sur socle de même travail. Époque Louis XVI.

Haut., 28 cent.

139 — Bronze antique de la grande Grèce. — Belle statuette de Vénus debout, la tête ceinte d'un diadème, le corps portant sur la jambe gauche, le bras droit plié, la main sur la poitrine. (Le pied et le bras gauche manquent.)

Haut., 142 mill.

140 — Bronze romain. — Statuette de Mercure debout, tenant une coupe; placée sur un socle carré en marbre jaune.

Haut., sans le socle, 11 cent.

141 — Bronze italien à patine noire. — Statuette d'Apollon, debout, accoudé sur un tronc d'arbre, les jambes croisées. Elle est placée sur un socle carré en marbre jaune de Sienne.

Haut., sans le socle, 115 mill.

142 — Bronze égyptien. — Figurine de divinité, placée sur un socle en marbre noir.

Haut., sans le socle, 7 cent.

143 — Deux flambeaux Louis XVI, formés d'une figurine d'enfant, en bronze, à patine brune, portant

sur la tête une corbeille de fleurs et de fruits en bronze ciselé et doré. Ces figures reposent sur des fûts en marbre blanc, placés sur une plinthe carrée en bronze doré.

Haut., 33 cent.

144 — Presse-papier en bronze ciselé et doré Louis XVI; les colombes, le flambeau et l'arc de l'Amour, petit groupe placé sur un socle circulaire, à soubassement carré en marbre blanc, garni de deux cordons de perles.

Haut., 14 cent.

145 — Belle médaille, en bronze, de Voltaire; profil à droite. A l'exergue : *Voltaire, né le XX février MDCXCIV.* ℞ Trophée d'attributs divers et inscription : *Tiré d'après nature au château de Ferney. G. C. Wachter.* Gravé : *MDCCLXX.* Dans une bordure en bronze ciselé et doré.

Diam. du cadre, 85 mill.

BRONZES CHINOIS

ÉMAUX CLOISONNÉS

146 — Beau vase, en forme de balustre, en ancien émail cloisonné de la Chine, décoré de zones d'or-

nements et de dragons en couleur sur fond bleu turquoise.

Haut., sans le socle en bois, 37 cent.

147 — Vase à panse aplatie et de forme conique, décoré sur chaque face d'un médaillon en forme de cœur renversé contenant des caractères chinois. Ancien bronze chinois.

Haut., 24 cent.

148 — Vase en forme de balustre, à deux petites anses, têtes chimériques, à anneaux mouvants, et décoré, sur la panse et au bord de l'orifice, d'incrustations, oiseaux et grecques. Ancien bronze chinois à patine verte.

Haut., 25 cent.

149 — Vase en forme de balustre, décoré de zones superposées, dragons jouant dans les flots et ornements. Il est garni de deux petites anses, têtes chimériques. Ancien bronze chinois.

Haut., 31 cent.

150 — Vase à panse sphérique et col évasé, décoré d'ornements en relief et garni de deux anses, têtes chimériques. Ancien bronze chinois.

Haut., 28 cent.

151 — Vase de forme analogue, décoré d'ornements et de dragons gravés et à deux petites anses formées de branches de bambou. Ancien bronze chinois.

Haut., 23 cent.

152 — Flacon à thé, de forme hexagone, en émail de Chine; décor polychrome à figures, paysages et ornements.

Haut., 09 cent.

153 — Cylindre en émail cloisonné de la Chine, décoré d'ornements en couleur sur fond bleu turquoise.

Long., 13 cent.

154 — Vase en forme de fruit, surmonté d'un petit crapaud debout sur une feuille de vigne. Ancien bronze chinois.

Haut., 14 cent.; long., 26 cent.

155 — Vase-cornet de forme carrée à renflement médian et garni d'arêtes saillantes en cuivre dentelé, riche décor à ornements variés sur fond turquoise, en ancien émail cloisonné de la Chine.

Haut., 53 cent.

156 — Boîte rectangulaire et plate en métal noir à couvercle richement décoré, en incrustations d'or

et d'argent, de trophées d'instruments de musique, de fleurs et de feuillages. Travail japonais.

Long., 23 cent.; larg., 18 cent.

OBJETS D'ART VARIÉS

157 — Jolie buire vénitienne en bronze, entièrement couverte d'arabesques de style oriental finement gravées et à anse formée d'une cariatide de femme ailée se détachant d'un mascaron barbu.

Haut., 30 cent.

158 — Très curieux jeu de loto composé de douze cartons décorés au vernis genre de Martin et présentant chacun vingt petits tableaux ayant trait à la mythologie, à l'histoire naturelle, à la botanique et aux costumes des diverses nations. Travail italien du temps de Louis XVI.

Haut., 32 cent.; larg., 22 cent.

159 — Petite mosaïque de Florence. Buste de la Vierge de profil à gauche exécuté en bas-relief en lapis et jaspes de diverses nuances se détachant sur un fond de jaspe vert. Cadre en bois noir avec têtes de chérubins en cuivre aux angles.

Haut. de la mosaïque. 65 mill.; larg. 58 mill.

160 — Petit plat rond en étain offrant au centre le sujet de la Résurrection, et au marli des figures d'apôtres debout. XVIe siècle.

Diam., 197 mill.

161 — Etau aux armes de France.

D'après la tradition, cet étau proviendrait de Versailles et il serait l'œuvre du roi Louis XVI.

Haut., 36 cent.

162 — Plateau rond en écaille gravée à ombilic et décoré au marli de deux cercles en argent.

Diam., 40 cent.

MEUBLES ET BRONZES

D'AMEUBLEMENT

163 — Petit bureau de l'époque de Louis XV en bois satiné, à trois tiroirs et à pieds contournés, garni de chutes, poignées et entrées, en cuivre ciselé et doré et poinçonnées au C couronné. Ce meuble porte la signature : I. C. SAUNIER.

Long., 1 m. 24 cent.; larg., 72 cent.

164 — Autre bureau de forme très gracieuse en bois de placage et marqueterie, à trois tiroirs richement

garni de chutes, entrées et ornements en cuivre ciselés et dorés. Le dessus recouvert en basane est entouré d'une moulure en cuivre, ornée aux angles d'un motif de rocailles rapporté.

Long., 1 m. 15 cent.; larg., 61 cent.

165 — Beau cabinet Louis XIII en bois d'ébène et placage d'écaille incrustée de filets d'ivoire. La façade se compose d'une porte d'aspect monumental et de deux rangées de tiroirs superposés et séparés par des pilastres en ressaut surmontés de cariatides en bronze supportant l'entablement. La porte et les tiroirs sont ornés de peintures très fines de l'École flamande représentant des sujets tirés du Nouveau Testament. A l'intérieur du meuble est une chambre à glaces encastrées dans des demi-colonnes dorées.

Ce cabinet repose sur une console à pieds tournés en bois noir.

Haut., 1 m. 45 cent.; long., 1 m. 15 cent.

166 — Meuble à quatre faces en laque du Japon à décor de rosaces et d'arabesques en dorure sur fond aventuriné. Il est garni de plaquettes et d'écoinçons en cuivre gravé et doré et s'ouvre à deux portes à coulisses, surmontées de quatre tiroirs.

Haut., 1 m. 16 cent.; long., 1 m. 18 cent.; prof., 72 cent.

167 — Beau meuble de l'époque Louis XVI, en forme de commode, en bois rose marqueté à quadrillés et garni de moulures d'encadrement et d'ornements en cuivre ciselé : il ouvre à trois tiroirs surmontant trois portes pleines ; celle du milieu recouvrant deux tiroirs ; les angles sont formés de demi-colonnes à cannelures creusées et garnies de cuivre, et reposant sur des pieds dont la marqueterie simule des cannelures. Ce meuble porte la signature de F. Burry.

Tablette en marbre brèche d'Alep.

Haut., 94 cent.; larg., 1 m. 25 cent.

168 — Belle commode en bois d'acajou à trois tiroirs, reposant sur quatre pieds cannelés en [spirales, garnis de fleurons et de sabots en bronze doré. Les montants arrondis sont décorés d'une chute en bronze composée d'une grosse fleur d'où s'échappe une guirlande de feuilles d'acanthes et de marguerites. Les tiroirs sont munis d'anneaux de tirage, couronnes de feuilles de laurier ; celui du haut est orné d'un bas-relief en bronze doré représentant les génies des Sciences.

Tablette en marbre brèche. Ce meuble porte la signature de J. d'Autriche.

Haut., 84 cent.; long., 89 cent.

169 — Commode Louis XVI à deux tiroirs, en bois rose et bois amaranthe garnie d'entrées, d'anneaux

de tirage et de retombées en bronze ciselé et doré.

Tablette en marbre turquin.

Haut., 88 cent.; long., 95 cent

170 — Beau cabinet en laque de la Chine, à fond noir et décoré de figures, de kiosques et de paysages en dorure; il ouvre à deux vantaux et est garni intérieurement de nombreux tiroirs. L'entrée de serrure, les charnières, les écoinçons, sont en cuivre gravé et doré. Ce meuble est supporté par une table-console à pieds contournés reliés par des traverses en bois sculpté, peint en noir et relevé de dorures.

Haut., 1 m. 48 cent.; long., 95 cent.

171 — Pendule Louis XVI en bronze doré, avec figure allégorique de la Poésie; jeune femme assise, couronnée de lierre et tenant un livre; à ses pieds est une corne d'abondance.

Haut., 40 cent.

172 — Deux girandoles à deux branches porte-lumière, en cuivre gravé doré, du XVIIIe siècle.

Haut., 32 cent.

173 — Pendule Louis XVI en marbre blanc et bronze doré. Elle a la forme d'un vase ovoïde orné autour du cadran de roseaux et de feuillage de chêne, et

garni de deux dauphins en guise d'anses; du haut du vase s'élancent des jets d'eau retombant sur les dauphins; le pied de forme circulaire repose sur une plinthe carrée aussi en marbre blanc et garnie d'une frise à rinceaux en bronze doré.

Haut., 45 cent.

174 — Deux candélabres Louis XVI à trois branches porte-lumière, supportées par une statuette de femme en bronze ciselé et doré. Ces statuettes sont placées sur des socles cylindriques en marbre turquin, garnis d'un cordon de perles et d'une moulure à entrelacs en bronze et reposant sur des plinthes carrées en bronze doré.

Haut., 63 cent.

175 — Bureau Louis XV de forme contournée, en marqueterie de bois rose, à trois tiroirs, garni de cuivres.

Haut., 78 cent.; long., 1 m. 46 cent.

176 — Meuble d'entre-deux du temps de Louis XV, à côtés cintrés en bois de placage et ouvrant par une porte en laque, à riche décor représentant des cavaliers chinois à la chasse.

Dessus en marbre brèche d'Alep.

Haut., 96 cent.; long., 98 cent.

177 — Beau meuble à deux corps en noyer sculpté de la fin du XVIe siècle; les quatre vantaux sont ornés des figures des Saisons en bas-relief, et les montants de retombées de feuillages, de fruits et de draperie. La frise supérieure présente une draperie soutenue par un aigle.

Haut., 2 m.; larg., 1 m. 20 cent.

178 — Petite commode du temps de Louis XV, à deux tiroirs en palissandre et bois rose, garnie de cuivres et à tablette de marbre.

Haut., 85 cent.; larg., 65 cent.

179 — Petite table à ouvrage Louis XV, à trois tiroirs, en bois rose, garnie de cuivres.

Haut., 69 cent.; long., 42 cent.

180 — Meuble à deux corps en bois de chêne sculpté, de style Renaissance et orné de cariatides, de mascarons et d'arabesques; la partie basse ouvre à deux vantaux pleins surmontés de tiroirs; le corps supérieur est en retrait et l'entablement est supporté par deux statuettes en ronde bosse.

Haut., 1 m. 44; long., 1 m. 06 cent.

181 — Grande pendule Louis XIV avec console applique en marqueterie de cuivre et d'écaille, richement garnie de cuivre ciselés et dorés.

Haut., 1 m. 20 cent.

182 — Petite pendule Louis XVI à cadran horizontal tournant, en forme de temple circulaire à colonnes en marbre blanc, marbre turquin et bronze doré.

Haut., 38 cent.

183 — Pendule Louis XVI, modèle borne, en marbre blanc, richement garnie d'ornements rapportés, cornes d'abondance, rinceaux, guirlandes de fleurs, rosace en bronze ciselé et doré.

Haut., 40 cent.

184 — Table de toilette du temps de Louis XV, en bois de placage à pieds contournés, garnis de sabots en cuivre doré.

Long., 85 cent

185 — Commode du temps de Louis XV à trois rangs de tiroirs en bois rose, garni d'entrées et de poignées en cuivre. Dessus en marbre.

Haut., 84 cent.: long., 1 m. 17 cent.

186 — Petit meuble cabinet ayant la forme d'un arc de triomphe en bois et pâte, peints et dorés, XVIIe siècle.

Haut., 34 cent.; long., 30 cent.

187 — Commode Louis XVI à deux tiroirs en palissandre et bois rose, garnie de cuivres et à tablette de marbre.

Haut., 84 cent.; larg., 81 cent.

188 — Coffre du XVIe siècle, en bois sculpté, la façade décorée de figures, dans des cartouches, de festons de feuillage et de cariatides.

Haut., 50 cent.; larg., 1 m. 62 cent.

189 — Table supportée par deux montants en bois sculpté du XVIIe siècle, en forme de consoles adossées.

Haut., 82 cent.; long., 1 m. 56 cent.

190 — Grand coffre composé de panneaux du XVe siècle, à motifs d'architecture ogivale, avec serrure du temps.

Haut., 88 cent.; long., 1 m. 27 cent.

191 — Coffret italien du XVIe siècle en bois noir, rehaussé de dorures au pinceau et décoré au pourtour de demi-colonnes accouplées, et de plaquettes ovales en lapis.

Haut., 25 cent.; long., 44 cent.

192 — Petit meuble à bijoux, en forme de cabinet, du temps de Louis XIII, fermant à deux vantaux qui recouvrent les tiroirs; les portes et les tiroirs sont ornés de bas-reliefs à figures de femmes, en costume de l'époque.

Haut., 37 cent.; long., 37 cent.

193 — Pendule Louis XVI en bronze doré, à figure de Léda, accoudée sur la cage du cadran, socle en marbre blanc, garni d'un bas-relief et de fleurons en bronze.

Haut., 40 cent.; long., 41 cent.

194 — Paire de flambeaux en bronze ciselé et doré, tige à cannelure, pied à feuilles d'acanthe et cordon de petites perles.

Haut., 29 cent.

195 — Piano à queue d'Erard.

SIÈGES — TAPISSERIES

196 — Écran en bois sculpté et doré avec feuille en tapisserie très fine du temps de Louis XVI, à fond blanc et médaillon ovale (chien et brebis) suspendu à un nœud qui donne naissance à des guirlandes de roses.

197 — Causeuse en velours grenat, décoré au dossier et sur le siège de deux panneaux en tapisserie très fine, du temps de Louis XIII; le panneau du dossier de forme rectangulaire représente au centre, sous un arceau, Judith victorieuse, et de chaque côté, des vasques de fruits, des bouquets et des oiseaux, le tout dans une bordure à sujets de chasse, fleurs

et perroquets. Le panneau du siège est carré et représente aussi Judith se détachant sur un fond de fleurs et de fruits, entourée d'une bordure semblable à celle déjà décrite.

198 — Deux grands fauteuils en bois de noyer sculpté, recouverts en belle tapisserie du temps de Louis XIV, offrant au dossier un bouquet de fleurs dans un vase d'or, se détachant sur fond bleu, et au siège, un autre bouquet sur fond de même couleur.

199 — Grand fauteuil Louis XIV en bois de noyer sculpté et recouvert de tapisserie au petit point. Au dossier, un cartouche représentant Vénus et l'Amour ; au siège, un autre représentant un paysage, sont encadrés de fleurs et d'ornements en couleurs sur fond noir.

200 — Grand fauteuil Louis XIV en bois de noyer sculpté et recouvert en tapisserie de même époque, à décor de vases de fleurs sur fond chamois.

201 — Fauteuil Louis XV en bois de noyer sculpté et recouvert en ancienne tapisserie; la garniture du dossier représente l'Amour brisant son arc.

202 — Deux fauteuils Louis XV en noyer sculpté, recouverts en ancienne tapisserie, à sujets tirés des fables de La Fontaine, avec encadrements de fleurs.

4

TAPIS

203 — Beau tapis velouté de la Perse, à fond rouge et à riche décor de palmettes et rosaces au milieu de rinceaux. Belle bordure à fleurons et rinceaux sur fond vert foncé.

Long., 2 m. 80 cent.; larg., 1 m. 56 cent.

204 — Beau tapis velouté de la Perse à riche décor de grenades et de fleurons reliés par des rinceaux, sur fond ponceau avec bordure à fond vert d'ornementation analogue.

Long., 2 m. 05 cent.; larg., 1 m. 40 cent.

205 — Tapis d'Orient à ornements, inscrits dans un losange au milieu de triangles à fond bleu et rouge alternés. Bordure d'ornementation analogue à fond blanc.

Long., 3 m. 25 cent.; larg., 2 m.

206 — Tapis en velours de soie ponceau avec bordure de fleurs et de feuillages, exécutée en broderie et paillette d'argent.

Long., 2 m. 70 cent.; larg., 1 m. 80 cent.

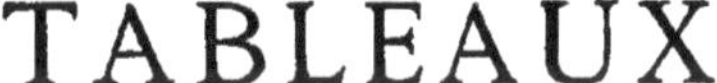

TABLEAUX

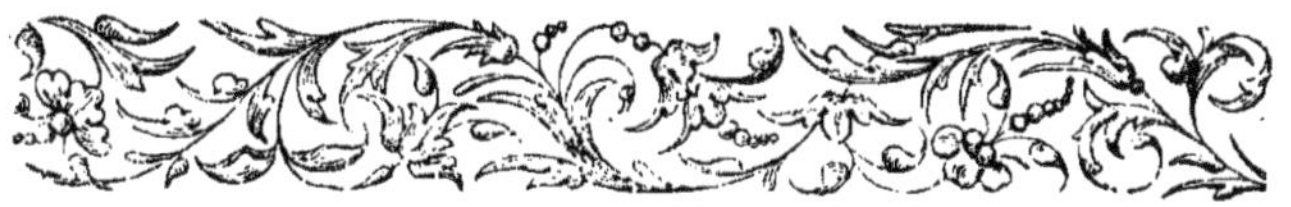

DÉSIGNATION

ÉCOLES FLAMANDE

HOLLANDAISE ET ALLEMANDE

AELST (Guillaume Van)

207 — *Oiseaux morts.*

Un geai, un bouvreuil et plusieurs petits oiseaux gisent sur le sol au pied d'une plante à larges feuilles.

Toile. Haut., 42 cent.; larg., 56 cent.

BERCHEM (Claes-Pieterz)

208 — *Le Retour des champs.*

Sur un chemin qui longe la rivière, un pâtre italien drapé dans son manteau chemine à côté d'une femme assise sur une mule, entre deux vaches, l'une rousse, l'autre grise. Un chien, une chèvre, une brebis et un agneau viennent en avant. De l'autre côté de l'eau, un paysan conduit deux vaches, au pied de rocs escarpés couronnés d'arbres et de broussailles.

Coloration ambrée très harmonieuse. Impression d'une chaude journée d'été.

Signé en bas.

Gravé par Daumont.

Toile. Haut., 65 cent.; larg., 81 cent.

BEYEREN (attribué à Abraham Van)

209 — *Poissons.*

Des poissons de toutes sortes, des crabes, des coquillages, sont déposés sur le sable de la plage. Au second plan, des mariniers, des pêcheurs, des bourgeois en promenade, sont disséminés au bord de la mer couverte de barques de pêche; à gauche, les dunes que surmonte la flèche d'une église.

Toile. Haut., 1 m. 35 cent.; larg., 1 m. 84 cent

BOTH (JAN)

210 — *Paysage.*

Un chemin bordé de broussailles serpente à travers un pays accidenté, entrecoupé de rochers et de montagnes; on voit sur ce chemin deux hommes arrêtés au pied d'un bouquet d'arbres, un groupe d'animaux, et un villageois monté sur une mule. A droite, une rivière décrit ses sinuosités jusque dans les lointains où se dressent des montagnes éclairées par les feux du soleil couchant.

Toile. Haut., 92 cent.; larg., 1 m. 18 cent.

BOTH (attribué à JAN)

211 — *Paysage.*

Au bord d'un ruisseau, un chevrier s'est arrêté à l'ombre d'un bouquet d'arbres. Plus loin, sur une éminence, on voit des villageois conduisant des ânes, et un chariot traîné par deux bœufs.

Tout le paysage est enveloppé d'une brume dorée.

Bois. Haut., 42 cent.; larg., 55 cent.

BOUT ET BOUDEWYNS

212 — *Paysage et figures.*

Deux tableaux, en pendants, représentant des campagnes boisées, animées de figures et d'animaux.

Toile. Haut., 19 cent.; larg., 25 cent.

BOUT (attribué à Thierry)

213 — *La tête de saint Jean Baptiste.*

La tête du saint est vue de trois quarts, placée sur un plat d'or.

Bois. Forme circulaire, diam., 28 cent.

BRAUWER (Adrien)

214 — *Vieille femme hollandaise.*

De face, à mi-corps, coiffée d'un serre-tête en linon, vêtue d'une casaque rougeâtre.

La tête, vivement éclairée, est d'une exécutien serrée et nerveuse, les vêtements sont brossés dans le goût de Franz Hals.

Bois ovale. Haut., 16 cent.; larg., 12 cent.

BRAUWER (A.)

215 — *Les deux Amis.*

L'un chante quelque couplet bachique, le poing fermé sur le couvercle d'un pot d'étain; l'autre, coiffé d'un feutre pointu, semble tout heureux de montrer sa pipe.

Bois. Haut., 19 cent.; larg., 13 cent.

BRAUWER (A.)

216 — *Tête de villageois.*

Buste d'homme à chevelure crespelée s'échappant d'un bonnet orné d'une plume.

Petit panneau circulaire, diam., 9 cent.

BRAUWER (genre de)

217 — *Réjouissance de villageois.*

Dans un intérieur rustique, des paysans dansent, boivent et se querellent, tandis qu'un joueur de cornemuse se tient debout, impassible, sur un tonneau, au milieu de la pièce.

Bois. Haut., 33 cent.; larg., 42 cent.

BRAY (Jean de)

218 — *Portrait de femme.*

De grandeur naturelle, à mi-corps, de trois quarts, tournée vers la gauche; bonnet noir avec pointe avançant sur le front; collier de perles, large collerette bordée de guipure et rabattue sur les épaules; robe noire. Elle tient un éventail en plumes, la main gauche gantée.

Bois. Haut., 86 cent.; larg., 63 cent.

CALCAR (J.-Stephan von)

219 — *Portrait d'homme.*

En buste, de trois quarts, barbe blonde, coiffé d'une toque verte et revêtu d'un pourpoint brun et d'un surtout gris à dessins noirs.

En haut, un blason et l'inscription :

Romae 1540. *Men. Mar. Eta.* 28.

Bois. Haut , 14 cent.; larg., 13 cent.

COQUES (Gonzalès)

220 — *Portrait.*

Miniature à l'huile sur cuivre représentant un portrait d'homme à longue chevelure brune, moustaches en crocs et barbiche, pourpoint gris à galons d'or, col rabattu et baudrier brodé. Elle est d'une exécution très délicate et d'un coloris distingué.

Cuivre ovale. Haut., 08 cent.; larg., 06 cent.

CUYP (Albert)

221 — *Pâturage.*

Dans la prairie, au premier plan, un mouton couché et une vache blanche et noire, debout, de profil. Plus loin, le pâtre, son chien et deux autres vaches. A l'horizon, les maisons d'un village et le clocher de l'église.

Bois. Haut., 45 cent.; larg., 36 cent.

DOW (Ecole de Gérard)

222 — *Le Duo.*

Une dame hollandaise accompagne au clavecin un homme qui chante en battant la mesure. Derrière eux, une jeune servante apporte des rafraîchissements. A droite, un grand tapis d'Orient, drapé comme une portière.

Bois. Haut., 60 cent.; larg., 48 cent.

DURER (attribué à A.)

223 — *Portrait de Willibald Pirckheimer.*

Représenté de trois quarts, tourné vers la droite, coiffé d'une toque rouge à bords dentelés, vêtu d'un pourpoint tailladé de même couleur avec parement en fourrure. Il tient à la main un manuscrit roulé.

Dans le fond, le monogramme d'Albert Durer et la date 1515.

Bois. Haut., 41 cent.; larg., 35 cent.

DURER (Ecole de)

224 — *Un Ermite.*

Il est assis dans la campagne, en costume de moine et méditant dans un livre de piété. Le fond représente une ville assise en amphithéâtre sur une montagne.

Bois. Haut., 12 cent.; larg., 15 cent.

DYCK (Anton Van)

225 — *Portrait en pied de César-Alexandre Scaglia.*

Tête nue, cheveux longs, moustaches retroussées, barbiche en pointe, vêtu d'une soutane noire et d'un manteau de même couleur qu'il soulève légèrement de la main gauche; il est accoudé du bras droit sur le piédestal d'une colonne; à droite, une chaise, derrière laquelle retombe un rideau jaune.

Un portrait identique à celui-ci fait partie du musée d'Anvers.

Gravé, à mi-corps, par Paul Pontius.

Toile. Haut., 1 m. 90 cent.; larg., 1 m. 12 cent.

DYCK (Anton Van)

226 — *Un Apôtre.*

En buste, presque de face, cheveux et longue barbe blancs, enveloppé d'un manteau vert.

Collection Mailand.

Toile. Haut., 61 cent.; larg., 47 cent.

DYCK (ANTON VAN)

227 — *Saint Sébastien.*

Esquisse en grisaille pour le tableau gravé par Van Schuppen.

(*Catalogue de Smith, n° 337*).

Bois. Haut., 25 cent.; larg., 20 cent.

DYCK (ANTON VAN)

228 — *Portrait d'homme.*

A mi-jambes, la main droite appuyée sur le coin d'une table, tenant des gants de la main gauche; il est vêtu d'un pourpoint de soie blanche et d'un manteau noir.

Esquisse.

Haut., 25 cent.; larg., 20 cent.

DYCK (attribué à ANTON VAN)

229 — *Portrait du Président Roose.*

Le portrait est ainsi décrit dans la catalogue de la Galerie du vicomte du Bus de Gisignies, rédigé par M. Édouard Fétis :

« Tourné vers la droite, vu de trois quarts : tête fine, intelligente: le nez ferme et droit, mince à l'extrémité; les yeux noirs et vifs, cheveux gris, impériale grise; comme signe particulier, ainsi qu'on dirait dans une pièce officielle, une moustache brune et une grise. Vêtement de velours noir, sur lequel est rabattu un col blanc. La tête, très lumineuse, s'enlève sur un fond brun verdâtre. » (Voir les commentaires qui suivent.)

Collection Van Camp, Anvers, 1853.

Toile. Haut., 61 cent.; larg., 49 cent. 1/2.

DYCK (attribué à ANTON VAN)

230 — *Portrait de Béatrix de Cusance.* 1600

Représentée en buste, de trois quarts, tournée vers la gauche; cheveux châtains coupés courts; parure en perles; robe décolletée en soie noire avec parements en soie lamée d'argent et rosettes en rubans écarlates; large collerette en guipure.

Le même portrait, en grisaille, avec les mains, fait partie de la galerie Lacaze, au musée du Louvre.

Gravé par Petrus de Iode.

Toile. Haut., 64 cent.; larg., 51 cent.

DYCK (attribué à ANTON VAN)

231 — *La Vierge aux anges.*

L'Enfant Jésus, les regards tournés vers sa mère, est debout sur son berceau; deux anges lui présentent une corbeille de fruits.

Petite esquisse en grisaille.

Bois. Haut., 21 cent.; larg., 17 cent.

DYCK (attribué à ANTON VAN)

232 — *Saint Jean-Baptiste et saint Jean l'Évangéliste.*

Les deux saints sont représentés debout, sous une porte monumentale à colonnes, et se détachent sur le bleu d'un ciel traversé de nuages gris.

Bois. Haut., 65 cent.; larg., 50 cent.

DYCK (Ecole de A. Van)

233 — *Un Apôtre.*

Vieillard à cheveux blancs et longue barbe, drapé dans un ample manteau brun, un bâton à la main, un bissac pendu à une lanière passée en bandoulière. Figure à mi-corps, de grandeur naturelle.

Toile. Haut., 1 m. 06 cent.; larg., 82 cent.

DURER (Ecole de A.)

234 — *Portrait de jeune homme.*

De face, chevelure bouclée, robe noire. En buste.

Bois. Haut., 35 cent.; larg., 26 cent.

EGMONT (Justus Van)

235 — *Portrait du recteur du couvent des Facons, à Anvers.*

De trois quarts, cheveux et moustaches châtains clair; en robe blanche recouverte d'une pèlerine de drap brun, il a les mains jointes et prie devant un crucifix placé sur une table recouverte d'un tapis d'Orient.

Bois. Haut., 72 cent.; larg., 57 cent.

FLINCK (Govaert)

236 — *Portrait d'homme.*

Vu de trois quarts, en buste, cheveux noirs, barbe et moustaches grises, le visage coloré et sillonné de rides; costume noir, col plissé à tuyaux.

On lit à droite : *Ætatis* 65. — 1638.

Bois. Haut., 62 cent.; larg., 51 cent.

FRANCK, LE VIEUX (François)

237 — *Le Triomphe de Neptune*

Le dieu des mers et Amphitrite sont debout sur une conque traînée par des hippocampes; au milieu, des naïades, des tritons et des monstres marins, dont le cortège se déroule au loin sur la surface des eaux. A droite, au pied d'un rocher, une infinité de coquillages.

A gauche, la signature du peintre et la date 1631.

Bois. Haut , 34 cent.; larg., 52 cent.

FRIS (J.)

238 — *Nature morte.*

Un pichet en grès, un réchaud en terre, un jeu de cartes, des crevettes, une pipe, du tabac dans du papier, un grand verre à vin, sont placés sur une table.
Signé : *J. Fris*, 1665.

Bois. Haut., 48 cent ; larg., 39 cent.

FYT (Johannes)

239 — *Perdrix.*

800

Deux grosses perdrix grises sont suspendues par les pattes à une branche d'arbre, la tête touchant le sol.

Toile. Haut., 49 cent.; larg, 64 eent.

GRYEF (Anton)

240 — *Chiens et gibier.*

Un chien à longs poils et deux lévriers sont arrêtés auprès d'un lièvre mort et de deux perdrix suspendues par les pattes à une branche. A terre, des rouges-gorges et d'autres oiseaux.

Toile. Haut., 30 cent.; larg., 38 cent.

GRUEF (ANTON)

241 — *Pendant du précédent.*

Quatre chiens et plusieurs pièces de gibier à poil et à plume. Au fond, groupe de chasseurs auprès d'une terrasse.

Toile. Haut., 30 cent.; larg., 38 cent.

GYZELS (PETER)

242 — *Trophée de gibier.*

Un lièvre, un héron, des faisans, et divers oiseaux sont déposés au pied d'un chêne, sous la garde d'un épagneul.

Toile. Haut., 36 cent.; larg., 46 cent.

HALS (FRANZ)

243 — *Le Joyeux buveur.*

Coiffé d'un bonnet de loutre, penché sur la table, la pipe à la main, il presse amoureusement une canette d'étain sur sa poitrine et rit aux éclats.

Toile. Haut., 60 cent.; larg., 50 cent.

HALS (Franz)

244 — *Portrait d'un jeune homme.*

En buste, la tête de face, cheveux châtains, tombant sur les épaules, habit grisâtre, large col rabattu et serré par des cordons au bout desquels pendent deux glands.

Ce portrait passe pour être celui de David Teniers, ami de Hals.

Bois. Haut., 44 cent.; larg., 34 cent.

HALS (attribué à Franz)

245 — *La partie de musique.*

Assis sur un bahut en chêne, un jeune cavalier accorde sa mandoline. Il est coiffé d'un feutre noir et porte un pourpoint de soie grise, une large collerette de guipure et un baudrier brodé d'argent. Son manteau est jeté sur une chaise contre laquelle s'appuie son épée. En face de lui, une jeune dame pose la main sur un livre ouvert au milieu d'une table. Des tableaux sont accrochés au mur gris qui forme le fond de la pièce.

Toile. Haut., 60 cent.; larg., 46 cent, 1/2

HERLEN (Frédéric)

246 — *Grand triptyque.*

Le panneau central représente le Calvaire. Le Christ vient d'expirer sur la croix. A gauche, la Vierge s'évanouit dans les bras des saintes femmes. Une foule de personnages en riches costumes, des seigneurs à cheval, des cavaliers bardés de fer, des gardes, entourent la croix. A droite et à gauche, le portrait de la donatrice et du donateur, à ge- , auprès des écussons à leurs armes. Des montagnes à l'horizon se découpent sur le fond d'or qui représente le ciel. — A droite de la croix, un reste d'inscription *: anno Dni,* 1443 *ou* 45.

Volet de droite : le Festin d'Hérode et la Décollation de saint Jean-Baptiste.

Volet de gauche : le Baptême du Christ avec le Père Éternel dans une gloire, entouré d'anges.

Extérieur du volet de droite : saint Jean-Baptiste et une Sainte, le cou traversé d'une épée, et deux figures de petite dimension.

Extérieur du volet de gauche : saint Christophe et la Vierge tenant l'Enfant et deux petites figures.

Haut., 1 m. 30 cent.; larg. du panneau central, 2 m. 20 cent.

HEYDEN (Jan van der)

247 — *Le pont du château.* 5900

Un pont en briques à deux arches, construit sur un torrent, se relie par un pont levis à la porte d'un château Louis XIII, à pignon et tourelle. Au milieu du paysage, au second plan, est une ville au sommet d'une colline.

Une douzaine de figures animent le premier plan, elles sont peintes par Adrien Vanden Velde.

Signé en bas à droite.

Gravé par Léon Gaucherel.

Bois. Haut., 45 cent.; larg., 60 cent.

HOBBEMA (Meindert)

248 — *Le moulin à eau.* 20100

Le moulin est à gauche, près d'un massif d'arbres. La rivière qui l'alimente est légèrement encaissée et coule à l'ombre des grands chênes touffus. A droite, des paysans, revenant du moulin, suivent un sentier creusé d'ornières qui passe sur un petit pont et conduit sur la rive opposée.

Par une échappée, à gauche du tableau, apparaît, à perte de vue, la plaine ensoleillée; au-dessus des arbres de droite, se découpe la flèche d'une église de campagne.

Signé en toutes lettres.

Gravé par Salmon.

Bois. Haut., 60 cent.; larg., 84 cent.

HOBBEMA (attribué à MEINDERT)

249 — *L'église de campagne.*

Des villageois sont arrêtés au bord d'un chemin qui passe devant une grande porte cintrée, contourne une église en briques à fenêtres ogivales et va se perdre dans l'éloignement d'une campagne boisée; à gauche, au premier plan, une petite mare et un grand chêne devant une cabane.

Bois. Haut., 68 cent.; larg., 52 cent.

HOLBEIN (École de)

250 — *Portrait d'un savant.*

Vieillard, âgé de quatre-vingt-deux ans, suivant l'inscription tracée en haut du panneau; coiffé d'un bonnet de docteur et vêtu d'une robe noire sur laquelle est passée une pelisse grise garnie de fourrure. Il a les mains croisées l'une sur l'autre et tient des gants et un papier portant son nom : *Michel....? in Avignon,* un monogramme et la date 1539.

Bois. Haut., 50 cent.; larg., 37 cent.

HOLBEIN (École de)

251 — *Portrait présumé de l'empereur Maximilien.*

De trois quarts, imberbe, les cheveux blanc; il porte un toquet en feutre, un surtout noir à parement en fourrure et le collier de la Toison d'or.

Fond vert.

Bois. Haut., 52 cent.; larg., 36 cent.

HOLBEIN (École de)

252 — *Portrait présumé de Mélanchthon.*

De face, en buste, coiffé d'un feutre noir de haute forme, vêtu d'un pourpoint noir surmonté d'une petite fraise. Il porte une longue barbe grise et tient un manuscrit.

Haut., 20 cent.; larg , 16 cent.

HOOCH (Pieter de)

6800 253 — *L'Intérieur hollandais.*

On vient de nettoyer l'appartement, les portes sont restées ouvertes, les rayons du soleil entrent gaiement dans toutes les pièces. La première est une antichambre pavée de carreaux rouges et bleus. Un balai est debout contre la porte, une serviette pend au long du mur. Vient ensuite un corridor dans lequel un petit chien s'est arrêté auprès d'un paillasson où on a laissé deux pantoufles. On découvre enfin le coin d'un salon dallé en mosaïque blanche et bleue ; une chaise et une table garnie d'un tapis jaune sont placées contre un mur blanc tout ensoleillé sur lequel ressortent les cadres noirs de deux tableaux, dont l'un est une peinture de Terburg représentant une dame en toilette de satin blanc et un petit page. Sur la table, un livre et un flambeau d'argent.

Les jeux compliqués de la lumière si heureusement distribuée, la vérité saisissante de l'effet, la justesse du ton, font de cette simple étude une œuvre des plus remarquables.

Décrit dans le catalogue raisonné de Smith, p. 569 du supplément, sous ce titre : *les Pantoufles.*

Toile. Haut., 1 m.; larg., 70 cent.

HOOCH (Pieter de)

254 — *Le Duo.*

Assise auprès d'une fenêtre ouverte, une jeune dame en robe de satin jaune décolletée, coiffée d'un voile en gaze, chante en tenant une partition placée sur une table que recouvre un tapis rouge; un jeune homme à longue perruque, flottant sur les épaules, est debout à côté d'elle et l'accompagne sur la mandoline. A droite, un petit épagneul; au fond de la pièce, du même côté, un escalier de trois marches conduit à une seconde chambre dont les fenêtres laissent voir les toitures des maisons de la ville.

Toile. Haut., 72 cent.; larg., 52 cent.

HOOCH (attribué à P. de)

255 — *La Missive.*

Assise à une table sur laquelle est posée la cage d'un perroquet, une dame hollandaise, en corsage de satin rose et jupe écarlate, trempe un biscuit dans un verre de vin. Un homme debout, le chapeau à la main, lui présente une lettre. Une fenêtre ouverte laisse pénétrer un rayon de soleil qui illumine la tenture en cuir de Cordoue tapissant la pièce. — A droite, une porte donne accès sur un parc.

Toile. Haut., 58 cent.; larg., 52 cent.

HUYSMANS (Cornelis)

256 — *Paysage.*

Terrains éboulés sur la lisière d'un bois.

Toile. Haut., 50 cent.; larg., 60 cent.

257 — *Pendant du précédent.*

Colporteur et muletiers au repos sur une route, au pied de terrains sablonneux que frappe un rayon de soleil.

Toile. Haut., 50 cent.; larg., 60 cent.

JORDAENS (J.)

258 — *L'Abondance.*

Un Fleuve accoudé sur une urne et ayant sur les genoux la corne d'abondance, Cérès à demi nue et portant des fruits dans les plis de sa jupe, une femme la tête ceinte d'une couronne et personnifiant la Terre, une panthère étendue sur le dos, composent ce groupe allégorique.

Esquisse.

Bois. Haut., 28 cent.; larg., 36 cent.

JORDAENS

259 — *Bacchanale.*

A gauche, Silène ivre, soutenu par des satyres; à droite, une ronde d'enfants.

Esquisse en camaïeu. Indication au bistre avec quelques rehauts de blanc.

Bois. Haut., 23 cent.; larg., 35 cent.

JORDAENS

260 — *Un Apôtre.*

Vieillard à barbe blanche, le visage sillonné de rides; figure en buste.

Toile. Haut., 60 cent.; larg , 50 cent.

KESSEL (JOHANN VAN)

261 — *Fleurs.*

Un cartouche peint en grisaille, représentant la Sainte-Famille et simulant un bas-relief de marbre, est encadré d'une magnifique guirlande de fleurs variées. — Signé et daté de 1654.

Les figures sont peintes par C. SCHUT. Collection de Lestang-Parade.

Toile. Haut., 1 m. 18 cent.; larg., 82 cent.

KESSEL (Jan Van)

262 — *Poissons.*

Une raie, des bars, un brochet, une sole et quelques coquillages déposés sur la plage, au bord de la mer. A quelque distance voguent plusieurs barques de pêcheurs.

Signé en bas, à gauche : I. V. KESSEL, F.

Cuivre. Haut., 18 cent.; larg., 24 cent.

KESSEL (Jan Van)

860 263 — *Le corps de garde des singes.*

On vient d'arrêter un espion, un malheureux chat, qu'on amène devant le chef de poste, un maître singe, en pourpoint rouge, en bottes à chaudrons, la canne à la main. A la lueur d'une torche, cet officier examine gravement le coupable avant de prononcer la sentence. Cette scène tragique ne peut distraire les soldats de leurs occupations. C'est qu'ils sont tous absorbés dans de captivantes parties de tric-trac ou de cartes, autour des tables espacées dans la vaste pièce qui sert de corps de garde.

Cette amusante composition est une répétition du célèbre tableau de Téniers, qui a fait partie de la galerie de M. le comte de Perrégaux.

Bois. Haut., 42 cent.; larg., 56 cent.

KEYSER (Théodore de)

264 — *Portrait d'une dame hollandaise.* 2200

Représentée en buste, presque de face, coiffée d'un bonnet de linon. Une fraise empesée s'arrondit autour du cou, se détachant sur sa robe de soie noire à passements et galons de même couleur.

Très beau portrait, d'une grande vérité et d'une admirable exécution.

Bois. Haut , 31 cent.; larg., 24 cent.

LAAR (Pieter de)

265 — *L'Enfant prodigue.*

Il garde des bestiaux, assis contre une barrière en planches, les mains jointes sur les genoux, les yeux levés vers le ciel.

Cuivre. Haut., 20 cent.; larg., 20 cent.

LIÉVENS (Jans)

266 — *Portrait d'enfant.*

Un garçon de sept à huit ans, à cheveux blonds, portant un habit de velours noir, un col et des manchettes de dentelle, montre du doigt le tambour dont il tient déjà les baguettes. Il est suivi d'un petit chien. Le tambour est déposé à terre, contre le tapis d'Orient recouvrant une table sur laquelle on voit un feutre noir à plume, une épée, une cuirasse; contre la table est appuyé un étendard.

Bois. Haut., 32 cent.; larg., 40 cent.

MABUSE (attribué à JAN DE)

267 — *La Vierge et l'Enfant Jésus.*

La Vierge, vêtue d'une robe verte et d'un manteau rouge, la tête recouverte d'une voilette de gaze, donne le sein à l'Enfant-Jésus.

Bois. Haut., 22 cent.; larg., 17 cent.

MEMLING (HANS)

268 — *Chevaux à l'abreuvoir.*

Deux chevaux, un bai et un blanc, sur le dos duquel un singe est accroupi.

Ce panneau a dû servir anciennement de volet à un triptyque.

Bois. Haut., 42 cent.; larg., 17 cent. 1/2.

MEMLING (École de)

269 — *L'Adoration des rois mages.*

Petite peinture d'une exécution très fine.

Bois. Haut., 13 cent.; larg., 8 cent.

METSYS (Quentin)

270 — *Le Sauveur du monde.* 450

De trois quarts, la tête légèrement inclinée et ceinte de la couronne d'épines, les poignets liés sur la poitrine, la main droite levée pour bénir. Il est enveloppé d'un manteau violet; ses cheveux retombent sur ses épaules. Le nimbe porte une inscription. Fond doré semé d'un pointillé noir.

Bois. Haut., 60 cent.; larg., 40 cent.

MIEREVELT (Michel)

271 — *Portrait de femme.* 600

En costume élégant du temps de Louis XIII, large collerette de guipure, robe de soie noire agrémentée de nœuds roses; collier d'or descendant sur la poitrine. Un peigne à galerie de perles et quelques fleurs ressortent sur ses cheveux bruns. — En buste.

Bois. Haut., 70 cent.; larg., 54 cent.

MIERIS (François van)

272 — *La visite à l'ermite.*

Une femme en robe de satin jaune et manteau de velours grenat, un pot en grès sous le bras, s'approche d'un ermite à longue barbe blanche, assis dans sa cellule. Un petit épagneul blanc est couché par terre.

Signé et daté.

Bois. Haut., 23 cent.; larg., 19 cent.

MIERIS (Willem van)

273 — *Le galant message.*

Un page en habit de velours bleu, le sabre au côté, sa toque rouge à la main, s'incline avec respect devant une dame somptueusement vêtue à qui il vient de remettre une missive cachetée. Cette dame est debout auprès d'une console en marbre et tient une mandoline. Un beau lévrier est devant elle. Une vieille femme, en costume de religieuse, se tient debout accoudée sur un siège, dans l'embrasure d'une fenêtre cintrée ayant vue sur la façade d'un château.

Bois. Haut., 33 cent.; larg., 27 cent.

MIERIS (Willem van)

274 — *Portrait d'homme.*

De trois quarts, imberbe, portant une longue perruque. Cravate blanche, habit bleu à broderies d'or, manteau de velours grenat.

Signé et daté.

Forme ovale. Cuivre. Haut., 10 cent.; larg., 8 cent.

MIGNON (Abraham)

275 — *Fleurs et papillons.*

Coquelicot, reines-marguerites et bluets à travers les larges feuilles d'un pied de chardon. Des papillons et des insectes se meuvent çà et là. A terre, un colimaçon et un petit lézard.

Toile. Haut., 48 cent.; larg., 36 cent.

MOMMERS (Henri)

276 — *Bestiaux au pâturage.*

Une vache rousse debout, une vache blanche, une chèvre et deux moutons couchés dans un pré, auprès d'un buisson; à gauche, assis sur un tertre, un petit pâtre joue du flageolet.

Toile. Haut., 1 m. 15 cent.; larg., 1 m. 65 cent.

NEER (A. VAN DER)

277 — *Rivière de Hollande ; clair de lune.*

La lune sort des nuages qui tourbillonnent à l'horizon et illumine tout à coup leurs innombrables contours, comme dans un ciel d'apothéose. Elle projette une longue traînée lumineuse sur la rivière bordée d'arbres, d'habitations, de moulins. Au loin, sur la partie éclairée du ciel et de l'eau, se profile en noir la silhouette d'un bateau. En premier plan, un homme et un enfant, suivis d'un chien, sont arrêtés près d'un palis sur une langue de terre où se dresse un grand peuplier. A droite, un homme armé d'un long bâton traverse une passerelle.

Signé des initiales.

Bois. Haut., 45 cent.; larg., 70 cent.

NEER (Attribué à AART VAN DER)

78 — *Un Incendie.*

A gauche, plusieurs maisons construites au bord d'un canal sont la proie des flammes qui s'élancent des toitures au milieu d'une épaisse fumée envahissant le ciel. On aperçoit dans l'éloignement une ville importante avec ses nombreux clochers et son port de mer.

Bois. Haut., 19 cent.; larg., 35 cent.

NETSCHER (Gaspard)

279 — *Le petit dénicheur d'oiseaux.*

Un jeune garçon, habillé d'un pourpoint tailladé en satin jaune, apparaît à une fenêtre tenant une sorte de bouteille en poterie dont il retire une nichée de petits pierrots. Un tapis de velours grenat se drape sur l'appui de la croisée, contre laquelle grimpent les branches d'un rosier.

Bois. Haut., 35 cent.; larg., 26 cent.

ORLEY (B. van)

280 — *Portrait de Laure.*

Elle porte une coiffe blanche enrichie de broderies d'or, un collier de perles noires, une robe grise décolletée. En buste et de trois quarts.

Bois. Haut., 30 cent.; larg., 21 cent.

OSTADE (Adrien van)

281 — *Les politiques de cabaret.*

Tableau provenant de la galerie du vicomte du Bus de Gisignies. Il est ainsi décrit dans le catalogue rédigé par M. Édouard Fétis :

« Un intérieur de cabaret. Sur le devant, vu de dos, un homme en veste brune, manches lie de vin, chapeau de feutre noir à bord relevé sur le devant, est assis sur une chaise à dossier bas, tenant un papier (lettre ou journal) de la main droite et un verre de vin de la main gauche, appuyée sur une table. Il parle à un homme en jaquette verte et bonnet rouge, qui est debout, vis-à-vis de lui, de l'autre côté de la table, tenant sa pipe d'une main et de l'autre un petit fourneau en terre, faisant le geste d'allumer sa pipe tout en discutant avec son interlocuteur. Pour la vérité de l'expression, pour la justesse du mouvement, ces deux figures sont parfaites. A droite, une cloison en planches cachant en partie une haute cheminée qui garnit le fond de la pièce. Près de cette cheminée, des pipes accrochées au mur, au-dessus desquelles une planche supportant des objets de ménage. Signé à droite, à la hauteur du dos de l'homme assis. »

Collection Schamp d'Avescoot. Gand, 1840. — De M. Étienne Le Roy en 1851.

Bois. Haut., 22 cent.; larg., 19 cent.

OSTADE (Adrien van)

282 — *La Dévideuse.*

« Tableau connu sous le titre de *Portrait de la mère d'Ostade.*

« Une femme âgée, la tête couverte d'une coiffe blanche et vêtue d'une robe de bure grise, est accoudée à une fenêtre, un dévidoir à la main. Une plante grimpante étend son feuillage sur l'auvent qui surplombe la fenêtre. »

Signé en bas, à droite, A. Ostade, 1640.

Collection Leroy d'Étioles.

Bois. Haut., 27 cent.; larg., 21 cent.

OSTADE (Adrien van)

283 — *Type de paysan.*

Vu en buste, la tête presque de profil, inclinée sur la poitrine; costume marron.

Toile. Haut., 13 cent.; larg., 12 cent.

OTTO VENIUS

284 — *L'Hiver.*

Assis dans la campagne au pied d'arbres dénudés, deux personnages se chauffent les mains à la flamme d'un brasero.

Bois, Haut., 25 cent.; larg., 19 cent.

OUWATER (ALBERT VAN)

285 — *Saint Jean l'Évangéliste.*

Représenté à mi-corps, écrivant dans un livre couvert d'une riche reliure gothique. Sur la broderie de sa manche, on lit en caractères gothiques le nom du peintre ALBERTO, suivi d'un monogramme et d'une date 1410 (?)

Peinture sur fond d'or.

Bois. Haut., 59 cent.; larg., 50 cent.

286 — *Saint Jacques.*

A mi-corps de profil. Ample tunique rouge à manches jaunes, aux plis anguleux. Il tient le bourdon de pèlerin.

Sur la visière relevée de son chapeau de feutre gris est fixée une coquille.

Fond d'or.

Bois. Haut., 59 cent.; larg., 50 cent.

POEL (EGBERT VAN DER)

287 — *La plage de Scheweningue.*

Au premier plan, des pêcheurs font la vente du poisson; la plage est animée d'une multitude de figurines; au loin, les dunes avec les toitures du village et, à l'horizon, la mer. Ciel gris, chargé de nuages.

Bois. Haut., 29 cent.; larg., 33 cent.

PORBUS (FR.)

288 — *Marie de Médicis.*

La reine est représentée de trois quarts, en buste, coiffure haute, pendants d'oreilles et colliers de perle, collerette empesée.

Bois. Haut., 40 cent.; larg., 30 cent.

POTTER (attribué à PAUL)

289 — *Chiens au repos.*

Deux chiens, dont un lévrier blanc moucheté, se reposent auprès d'une barrière en planches; près d'eux, quelques ustensiles de chasse. Vers le fond, un chasseur descend la pente d'un coteau.

Ce petit tableau, d'un ton blond et harmonieux, et d'une facture très remarquable, est signé de l'initiale P.

Bois. Haut., 19 cent.; larg., 16 cent.

POTTER (attribué à PAULUS)

290 — *Animaux au repos.*

Trois vaches, deux chèvres, un bélier et une brebis, sous la garde d'un pâtre et d'une bergère assis sur un tertre. A droite, des chardons et des plantes grasses croissent au pied d'un arbre dénudé. A gauche, au second plan, un laboureur dans un champ baigné par une rivière.

Signé à gauche.

Bois. Haut., 67 cent.; larg., 1 m. 14 cent.

REMBRANDT (Harmens Van Ryn, dit)

291 — *Portrait d'une vieille femme.* 41000

Ce portrait est celui d'un bonne vieille dame à l'âge de quatre-vingt-sept ans, comme l'indique l'inscription placée dans le fond à gauche.

Elle est vêtue d'un vêtement noir garni de fourrures, et assise dans un grand fauteuil, les mains croisées. La tête fine et spirituelle est entourée par les blancs de la collerette et du bonnet; le fond est clair et coloré en même temps ; il est impossible de rendre avec plus de vérité et de largeur les mille détails de la tête et des mains.

C est une œuvre de cette coloration chaude et dorée si particulière à Rembrandt. On ne peut voir une figure plus vivante et plus saisissante à la fois. Ce portrait peut être classé exceptionnellement dans l'œuvre du peintre.

Extrait du catalogue des 23 tableaux de San Donato.

Signé : Rembrandt. F. 1640 ou 1646.

Cabinets de Gerrit, à Bruxelles.
— Muller, d'Amsterdam.
— Comte de Robiano.
— D. Nieuwenhuys.
— San Donato.
— B. Narischkine.

Gravé par Ramus.

Bois. Haut., 69 cent.; larg., 60 cent.

REMBRANDT (VAN RYN)

292 — *L'Obélisque.*

Le ciel est couvert et une ombre épaisse se répand sur le premier plan où passent, devant un bouquet de beaux arbres, un cavalier accompagné d'un chien et un piéton portant un faucon. Une route se dirige vers le pont d'un torrent où l'on voit un moulin. Ce torrent ondule dans la campagne. Au milieu d'une plaine, à gauche, se dresse un obélisque. Au fond, s'alignent les maisons d'une ville importante. Des montagnes se silhouettent à l'horizon.

Les paysages de Rembrandt sont d'une extrême rareté: celui-ci est un intéressant spécimen de son talent en ce genre.

Signé: R. 1668.

Bois. Haut., 55 cent.; larg., 70 cent.

N. B. — Les experts chargés de la vente, convaincus que ce paysage et les quatre tableaux suivants sont des œuvres authentiques de Rembrandt, les ont catalogués sous le nom du grand maître de la Hollande, l'un des plus illustres de la peinture. Ils croient devoir appeler, d'une manière toute spéciale, l'attention des amateurs sur ces cinq tableaux qui, accompagnés de « la vieille femme de la vente Narischkine » forment une réunion peut-être unique en ce moment et des plus intéressantes à étudier. Ils observent cependant que les tableaux et les œuvres d'art anciens, voire modernes, sont parfois l'objet d'appréciations diverses et même diamétralement opposées de la part de personnes ayant renom de compétence. Par conséquent et en raison de certains débats qui se sont récemment élevés, ils ne peuvent à cet égard que donner leur opinion en toute sincérité et, déclinant toute responsabilité effective sur des œuvres d'une aussi haute importance, ils s'en remettent au jugement éclairé du public.

REMBRANDT (VAN RYN)

293 — *Une Sibylle.* 18100

Jeune femme vue à mi-jambes, debout, coiffée d'un turban enrichi de pierreries et d'un cordon de perles, la figure pensive, la tête inclinée en avant, accoudée du bras droit et tenant des deux mains un grand in-folio. Elle est vêtue d'une robe foncée à reflets verdâtres; un manteau de drap d'or est jeté sur ses épaules. Dans le fond, un rideau brun relevé laisse voir les rayons d'une bibliothèque.

Toute la figure se modèle dans une ombre chaude et transparente, sous un rayon de lumière venant du haut, s'accrochant seulement aux contours du turban et à la silhouette des épaules. Peinture très énergique et d'une grande puissance d'effet.

Signé à droite et daté 1654.

A été gravé à la manière noire.

Collection Barnets.

Voir la note du numéro 292

Toile. Haut, 96 cent.; larg., 76 cent.

REMBRANDT (Van Ryn)

20 000 294 — *La femme de Rembrandt, représentée en Pallas.*

Vue presque de face, à mi-jambes, ses longs cheveux bruns flottant sur les épaules, elle est vêtue d'une magnifique armure composée d'un casque orné de plumes, d'une cuirasse à ornements ciselés et d'une égide en fer repoussé décorée d'une tête de Méduse. La main droite armée du gantelet s'appuie sur le pommeau de l'épée. Un baudrier vert enrichi de pierreries est passé en écharpe sur la cuirasse au bas de laquelle est fixée une jupe de velours grenat bordée de passementeries d'or. Toute la figure brillamment éclairée se détache en lumière sur un mur de pierres percé d'une ouverture cintrée.

Ce tableau, d'une admirable facture et d'une superbe coloration, est signé en bas à gauche : Rembrandt. F. 1633.

Il provient de la vente des œuvres d'art du château de Stowe, faite en 1848.

Voir la note du numéro 292.

Toile. Haut., 1 m. 22 cent.; larg., 96 cent.

REMBRANDT (Van Ryn)

295 — *Vieille femme plumant un poulet.*

Dame hollandaise, représentée en pied, tournée vers la gauche, assise dans une pièce sombre, et occupée à plumer un poulet. Une cape noire couvre la tête et encadre le visage vivement éclairé. Son costume se compose d'une robe de drap brun, d'une sorte de palatine en fourrure et d'un tablier blanc.

Catalogué dans Smith, page 70, vol. 7.

Collection du Bourgmestre Six 1734.

Collection Willet, 1813.

Gravé par Houston et W. Baillie, comme représentant la mère de Rembrandt.

Voir la note du numéro 292.

Toile. Haut., 1 m. 30 cent.; larg., 1 m. 02 cent.

REMBRANDT (Van Ryn)

296 — *Portrait d'homme âgé.*

Vieillard à longue barbe blanche, coiffé d'un béret, tourné de profil, à gauche, et faisant la lecture.

Ébauche.

Voir la note du numéro 292.

Toile. Haut., 62 cent.; larg., 57 cent.

REMBRANDT (attribué à)

297 — *L'homme au bonnet fourré.*

Ses bésicles aux bout des doigts, les deux mains posées sur un livre fermé, un vieux rabbin est en méditation. Il est coiffé d'un bonnet en peau de renard serré autour du front par une écharpe de toile qui retombe sur le col de sa robe de chambre; un second volume et une mappemonde se voient sur la table recouverte d'un tapis à haute laine.

Bois. Haut., 70 cent.; larg., 55 cent.

REMBRANDT (École de)

298 — *Étude.*

Homme à barbe blonde, cheveux longs, vêtement rouge.

Toile. Haut., 55 cent.; larg., 45 cent.

REMBRANDT (École de)

299 — *Portrait de jeune homme.*

Longs cheveux châtains flottant sur les épaules; costume sombre; en buste.

Bois. Haut., 8 cent.; larg., 6 cent.

R (initiale)

300 — *Portrait de femme.*

Dame âgée, la physionomie sévère, les traits accentués. le visage tourné de trois quarts, encadré d'un bonnet en guipure et d'une fraise plissée. Elle est vêtue d'une robe de soie noire.

Portrait d'un beau caractère et que quelques personnes ont cru pouvoir attribuer à Rembrandt.

A droite, dans le fond, on distingue l'initiale R et la date 1660, ainsi tracées : 16 R 60.

Bois. Haut., 72 cent.; larg., 63 cent.

ROMEYN (WILLEM VAN)

301 — *Pâturage.*

Une villageoise est entourée de vaches et de moutons au repos, dans un pré.

Bois. Haut., 41 cent.; larg., 51 cent.

RUBENS (attribué à)

302 — ***Les baigneuses.***

Petite esquisse en grisaille.

Bois. Haut., 25 cent.; larg., 20 cent.

RUBENS (attribué à)

303 — ***Sainte Madeleine.***

Les regards levés vers le ciel, la tête appuyée sur la main gauche et jetée en arrière, ses longs cheveux épars sur les épaules.

Bois. Haut., 55 cent.; larg., 44 cent.

RUBENS (École de)

304 — ***Mucius Scævola.***

Porsenna, assis sur un trône, fait un geste d'effroi mêlé d'admiration en voyant son prisonnier plonger la main dans le brasier ardent qui flambe sur un autel. Par terre est étendu le corps du personnage poignardé par erreur à la place du roi. Derrière Scœvola, plusieurs gardes armés de piques.

Composition gravée par Schmutzer.

Toile. Haut., 76 cent.; larg., 70 cent.

RUBENS (d'après)

305 — *Allégorie.* 500

Henri IV, couronné par la Sagesse, foule aux pieds les Vices terrassés.

Toile. Haut., 55 cent.; larg., 67 cent.

RUYSDAEL (JACOB)

306 — *Le Pont de bois.* 2950

Sur la lisière d'un bois sombre, coule un ruisseau que traverse une passerelle rustique, menaçant ruine; le tronc d'un bouleau brisé par le vent est tombé sur la berge, en travers du ravin. Deux vaches et trois chèvres, poussées par un pâtre, franchissent le petit pont. Ciel nuageux.

Signé en bas, à droite, du monogramme.

Toile. Haut., 65 cent.; larg., 70 cent.

RUYSDAEL (JACOB)

307 — *Le Moulin à vent.* 6200

Un paysan à cheval passe devant un groupe de maisons aux toitures de chaume, gravissant le chemin qui conduit à un moulin de bois, construit au sommet d'une colline, Des planches, des troncs abattus, une palissade, des tas de briques, garnissent la pente du talus. A droite coule un petit cours d'eau, au delà duquel on aperçoit des coteaux vivement éclairés.

Les maisons se profilent en vigueur sur la partie lumineuse d'un ciel traversé par une longue traînée de nuages grisâtres.

Toile. Haut., 64 cent.; larg., 88 cent.

RUYSDAEL (Jacob)

308 — *Le Torrent.*

Un torrent, encaissé par des rochers tapissés de broussailles et couronnés de chênes et de sapins, forme cascade sur le devant de la composition ; à droite, deux troncs gisent sur la berge parmi les roseaux. Au loin, on aperçoit une passerelle de bois jetée sur le torrent.

De beaux nuages gris, aux contours éclairés, flottent dans l'atmosphère.

Signé à gauche, sur un rocher.

Toile. Haut., 65 cent.; larg., 53 cent.

RUYSDAEL (Jacob)

309 — *Entrée de forêt.*

Au premier plan, un marais; un chasseur a quitté sa monture pour tirer sur les canards. Plus loin, groupe de villageois à l'entrée du bois. Trois chênes aux rameaux touffus sont plantés sur un monticule verdoyant où paissent des moutons. Ciel nuageux.

Les figures sont peintes par Ph. Wouwerman.

Bois. Haut., 52 cent.; larg., 63 cent.

SCHOOREL (attribué à Jan Van)

310 — *Le sommeil de Vénus.*

L'Amour armé de son arc s'approche de Vénus endormie sous une tente. Au fond, une armée assiégeant une ville.

Bois. Haut., 1 m.; larg., 1 m. 36 cent.

STEEN (Jan)

311 — *Réjouissance villageoise.*

Buveurs et danseurs entremêlés sous une tonnelle, à l'entrée d'un cabaret. Au premier plan, un homme offre avec enthousiasme un verre plein à un gros compère qui tient sa femme par la main. Une petite fille est à califourchon sur un bâton se terminant en tête de cheval. Au fond à droite, il y a foule autour des tentes dressées devant les maisons du village.

Bois. Haut., 19 cent.; larg., 24 1/2.

STEEN (Jan)

1050 312 — *Le vieillard amoureux.*

Couché dans un lit à rideaux, les pieds sous un chaud tapis de Smyrne, il a saisi en riant la jupe d'une femme, à demi déshabillée, qui est montée sur une chaise et semble se moquer de lui. A droite, un petit chien qui aboie.

Beau tableau du maître, signé : J. Steen.

Bois. Haut., 48 cent.; larg., 38 cent.

STEEN (Jan)

313 — *La Partie carrée.*

Deux couples sont attablés sous la tonnelle d'un cabarêt. Un vieux galant courtise une femme en corsage jaune et en jupe rose qui semble, pour le moment, très occupée à manger des gaufres et à vider une canette d'étain. En face, une jeune femme est assise à la table. Son cavalier, sorte de soudard à longue rapière battant les mollets, vient de se lever.

Bois. Haut., 32 cent.; larg., 40 cent.

STEEN (Jan)

314 — *Tabagie.* 500

Auprès de la cheminée, dans une pièce abondamment garnie d'ustensiles de ménage, un paysan et sa femme sont attablés. Celle-ci, le pied sur une chaufferette, laisse tomber sur le bord de la table sa tête alourdie par la boisson et aussi par un malencontreux usage du tabac. La pipe, cause de tout le mal, gît en morceaux sur le carreau. L'homme, fier de sa supériorité, sourit dédaigneusement et continue à fumer et à boire.

Ce tableau qui était de belle qualité a été dénaturé par la restauration.

Bois. Haut., 38 cent.; larg., 30 cent.

STEEN (attribué à Jan)

315 — *La fête des Rois.* 700

Une nombreuse société est réunie sur une terrasse à l'entrée de l'habitation. Hommes, femmes, enfants et musiciens sont joyeusement attablés. Le chef de la famille donne le signal des libations en levant son verre, et un marmot assis sur ses genoux fait preuve d'une prompte obéissance, en portant son biberon à ses lèvres, et cela à la grande joie de tous les assistants.

Toile. Haut., 80 cent.; larg., 90 cent.

STEEN (attribué à Jan)

316 — *Le petit Gourmand.*

Un gamin, envoyé aux provisions, rapporte un panier de harengs et un pot de confiture dans lequel il vient de plonger le doigt sans scrupule, en pleine rue. Levant effrontément en l'air ce doigt enduit du poisseux sirop, il donne tous les signes du plus parfait contentement. Une fillette marche à son côté, tenant les coins de son tablier rempli de gâteaux.

Toile. Haut., 64 cent.; larg., 45 cent.

STEEN (attribué à Jan)

317 — *La Consultation.*

Une dame est étendue sur un lit de repos; le médecin lui tâte le pouls. Mais le cas n'est pas grave à en juger par la mine réjouie des assistants. L'un d'eux, un cuisinier apporte en riant un pâté et un broc de bière.

Bois. Haut., 48 cent.; larg., 36 cent

STEEN (attribué à Jan)

318 — *Le Montreur de marionnettes.* 1100

Il fait la démonstration de son petit théâtre mécanique, entouré par la foule des villageois : homme portant deux seaux de lait, enfants émerveillés, vieille femme mettant ses bésicles, etc.

Signé en bas, à droite.

Bois. Haut., 52 cent.; larg., 42 cent.

TENIERS (David)

319 — *Le joyeux Buveur.* 3700

Coiffé d'un béret rose orné d'une plume et revêtu d'une veste grise, il rit aux éclats, en soulevant des deux mains un très grand verre à vin du Rhin. Un autre gai compère, la tête couverte d'un bonnet bleu, s'approche en tenant un broc en terre rouge.

Charmant tableau d'une coloration très fine et de l'exécution la plus spirituelle du maître.

Signé en toutes lettres dans le haut, à gauche.

Cuivre. Haut., 22 cent.; larg., 16 1/2.

TENIERS (D.)

320 — *Intérieur de cuisine.*

A droite, une vieille femme, assise sur une chaise basse, s'est endormie, la tête dans la main, le coude sur le genou. Un petit chat est couché sur le pan de sa jupe. A gauche, un amas d'ustensiles de cuisine et de ménage, et quantité d'accessoires rustiques : des choux, un panier plein de pommes, des loques, des serviettes, un collier de cheval, des baquets, une lanterne en fer, un soufflet, des poteries, une assiette de raisins et un vase en bois, ébauche de tourneur, posé sur un billot, un entonnoir, le tout entassé pêle-mêle contre une cloison en planches et en briques. Des harengs-saurs sont suspendus à un soliveau. Un coq est perché sur une baratte. Au fond de la pièce, deux paysans se chauffent sous le manteau de la cheminée, et le cabaretier ouvre la porte, apportant un plat et une canette.

Signé au bas, sur une poutre.

Bois. Haut., 45 cent.; larg., 65 cent.

TENIERS (D.)

321 — *Fête flamande.*

Villageois joyeusement attablés à la porte d'un cabaret, dans une cour fermée au fond par une cloison en planches. Au centre de la composition, un homme debout lève d'un air goguenard son verre plein, qu'il va vider à la santé d'un camarade qui quitte la place à contre-cœur. Mais sa femme l'a saisi par le bras pour le ramener au logis. Une scène analogue se passe à l'entrée de la cour, où deux femmes, aidées par un homme, ont grand'peine à faire franchir le pas de la porte à un ivrogne récalcitrant.

Signé à droite.

Toile. Haut., 27 cent.; larg., 37 cent.

TENIERS (D.)

322 — *Le Vigneron.*

Couronné de pampres, en veste rose et tablier blanc, il tient une bouteille, et, levant son verre, il semble admirer la couleur du vin. Des grappes de raisin garnissent une planche posée en travers sur deux tonneaux. Au fond, des vendangeurs dans les vignes.

Bois. Haut., 23 cent.; larg., 16 cent.

TENIERS (D.)

323 — *La mort de Léandre.*

Des naïades et des tritons portent le corps de Léandre. L'Amour verse des pleurs et éteint sa torche. Au fond, à droite, Héro se précipite dans la mer du haut d'une tour.

Pastiche dans la manière de Rubens.

Bois. Haut., 23 cent.; larg., 33 cent.

TENIERS (attribué à David)

1040 324 — *Le Concert rustique.*

Un villageois, en manches de chemise, et culotte courte, assis dans un baril transformé en fauteuil, chante en s'accompagnant sur le violon. Un second musicien, assis sur un escabeau et accoudé sur une table, accorde sa mandoline, tandis qu'un troisième dilettante, debout derrière eux, se pince le nez en vue d'imiter le son de la clarinette. Au mur sont pendus divers instruments de musique.

Bois. Haut., 36 cent.; larg., 30 cent.

TENIERS (attribué à David)

325 — *Le Berger.*

Vu jusqu'aux genoux, couronné de pampres, une gourde suspendue à la ceinture, la houlette appuyée contre son épaule, il se dispose à jouer de la flûte. Fond de paysage où l'on voit un berger et des moutons.

Toile. Haut., 60 cent.; larg., 50 cent.

326 — *La Bergère.*

Jeune femme à longue chevelure blonde avec petit béret bleu à plumes blanches, parure en perles, robe de soie grise. Elle tient un tambour de basque. Dans le fond, un berger sur la lisière d'un bois.

Toile. Haut., 60 cent.; larg., 50 cent.

TENIERS (attribué à)

327 — *Saint François et l'Enfant Jésus.*

Pastiche dans la manière des maitres espagnols.

Toile. Haut., 25 cent.; larg., 20 cent.

TERBURG (Gérard)

328 — *Portrait d'homme.*

Il est représenté debout à mi-jambes, en costume noir, accoudé du bras gauche sur une table recouverte d'un tapis de velours rouge et sur laquelle sont posés un livre et le chapeau du personnage.

Collection Zampieri.

Bois. Haut., 39 cent.; larg., 30 cent.

329 — *Portrait de femme.*

Représentée à mi-jambes en costume noir, avec longue collerette à glands, les mains croisées et tenant une paire de gants. A sa droite, une table couverte d'un tapis rouge.

Collection Zampieri.

Bois. Haut., 39 cent.; larg., 30 cent.

TERBURG (attribué à Gérard)

330 — *Jeune femme se lavant les mains.*

Une dame hollandaise, debout, de profil, en casaque de soie grise garnie d'hermine et jupe de satin blanc bordée de galons noirs, trempe ses doigts dans le bassin d'or qu'une servante tient d'une main, laissant couler de l'autre l'eau d'une aiguière. — A droite, une boîte à poudre, un chandelier, un livre et un miroir sont placés sur une table recouverte d'un tapis. Au fond, un lit à rideaux fermés. Monogramme sur le pied d'un tabouret.

Terburg a peint plusieurs fois cette composition. Smith en cite plusieurs répétitions, dont l'une figure dans la galerie de Dresde. Ce tableau, légèrement épidermé en quelques endroits, offre cependant des parties bien conservées et fort belles qui semblent accuser le pinceau du maître.

Toile. Haut., 65 cent.; larg. 57 cent.

TERBURG (attribué à GÉRARD)

331 — *Le galant cavalier.*

Coiffé d'un bonnet rouge doublé de fourrure, portant un habit bleu, une bandoulière de cuir et un manteau jaunâtre, un cavalier courtise une dame hollandaise qui baisse modestement les yeux. Elle est vue de profil, tenant sur les genoux un broc et un verre. Son costume se compose d'une robe jaune bordée de galons noirs, d'une casaque de velours vert garnie d'hermine, et d'un tablier brun.

Toile. Haut., 39 cent.; larg., 30 cent.

TERBURG (attribué à GÉRARD)

332 — *Portrait de femme.*

En buste de trois quarts, coiffée d'un petit bonnet en tulle noir, vêtue d'une robe de soie brune avec large guimpe en toile empesée.

En haut : « *A*° 1654 *ætatis* 25 » et le monogramme de Terburg.

Bois. Haut., 30 cent.; larg., 39 cent.

333 — *Portrait d'homme.*

Pendant du précédent.

En buste de trois quarts, cheveux bruns, fines moustaches. Pourpoint noir sur lequel se rabat le col de la chemise.

En haut : « *A*° 1654 *ætatis* 35 » et le monogramme de Terburg.

Bois. Haut., 30 cent.; larg., 39 cent.

VALKENBURG (Thierry)

334 — *Portrait d'homme.*

Personnage à longue perruque bouclée, en cravate blanche, habit chamois, accoudé sur un balcon et entr'ouvrant un livre.

Signé et daté 1719.

Toile ovale. Haut., 73 cent.; larg., 58 cent.

VELDE (Adrien Van den)

335 — *Le Christ au roseau.*

Les mains attachées, le corps enveloppé d'un manteau violet, Jésus est assis dans le prétoire, au pied d'une colonne cannelée. Un bourreau portant un casque, une cuirasse et des gantelets, lui enfonce sur la tête une couronne d'épines. Deux hommes se prosternent dérisoirement à ses pieds; l'un, vêtu de rouge, lui présente une tige de roseau. A droite et à gauche, dans le fond de la pièce, groupe d'hommes d'armes et de gens du peuple.

Signé sur une marche : *A. van de Velde* 1664.

Toile. Haut., 31 cent.; larg., 41 cent.

VELDE (Adrien Van den)

336 — *Une vache (Étude).*

On lit au revers du panneau :

« Étude par Van den Velde, donnée à Claude Thienon père, à Amsterdam, par Coklers, célèbre marchand de tableaux de cette ville. »

Collection Louis Thienon.

Bois. Haut., 16 cent.; larg., 19 cent.

VELDE (attribué à Adrien Van den)

337 — *Le Pâturage.*

Au premier plan, une vache rouge près d'un arbre dont une chèvre mange l'écorce; plus loin, deux chevaux, un blanc et un gris; auprès d'eux, des moutons; dans le fond, plusieurs vaches au repos.

Toile. Haut., 35 cent.; larg., 32 cent.

VENNE (Adrien Van der)

338 — *Mort de Maurice de Nassau.*

Peinture en grisaille.

Cette composition a été gravée.

Bois: Haut., 20 cent.; larg., 30 cent.

VLIEGER (Simon de)

339 — *Marine*

Bateaux de pêche sur une mer houleuse. A droite, une estacade. Au loin, la grande ligne du rivage avec des silhouettes d'arbres et de maisons. Ciel gris, nuageux.

Bois. Haut., 40 cent.; larg., 60 cent.

VLIET (Henri Van)

340 — *Intérieur d'une église.*

Nef transversale d'une église gothique à gros piliers frappés par un rayon de soleil, et à fenêtres ogivales garnies de vitraux. Deux enfants sont assis; un personnage visite l'église suivi d'un levrier. A gauche, pend un grand rideau vert accroché à une tringle.

Signé.

Bois. Haut., 65 cent.; larg., 59 cent.

VLIET (Henri Van)

341 — *Intérieur d'église.*

Les rayons du soleil se projettent sur les murs et sur les piliers d'une église de style ogival. En premier plan, une femme avec une petite fille sont debout devant une stalle adossée à un pilier éclairé seulement à sa base.

Bois. Haut., 53 cent.; larg., 42 cent.

VOS (attribué à MARTIN DE)

342 — *Portrait d'un gentilhomme.*

En costume du XVIe siècle, toque noire s'évasant du haut et à petit rebord, pourpoint brun, fraise et manchettes tuyautées, le manteau jeté sur une épaule. Il est blond et porte la barbe longue. Il tient ses gants et un œillet.

En haut, à gauche : un blason et la date 1573.

Bois. Haut., 57 cent.; larg., 42 cent.

WEENIX (JEAN-BAPTISTE)

343 — *Portrait de petite fille.*

Fillette de cinq à six ans représentée debout dans la campagne, coiffée d'un chapeau de paille à plume rouge et vêtue d'une robe verte avec fichu blanc autour des épaules. Elle a des fleurs dans son tablier et semble jouer avec un autre enfant dont il ne reste plus qu'une partie de la figure, la toile ayant été malheureusement coupée.

Toile. Haut., 61 cent.; larg., 54 cent.

WEYDEN (attribué à Rogier Van der)

344 — *Le Christ au roseau.*

Jésus couronné d'épines, les épaules entourées d'un manteau gris, est représenté de face, en buste, tenant un roseau, les poignets liés sur la poitrine.

Bois. Haut., 40 cent.; larg., 28 cent.

WOUWERMAN (Philips)

345 — *Le Monticule sablonneux.*

Cavaliers et villageois sur un chemin tournant, au bas de tertres sablonneux plantés d'un bouquet d'arbres. Le chemin longe un petit canal traversé par une passerelle en bois. Au premier plan, deux hommes poussent une barque dans l'eau. Légers nuages dans une atmosphère bleuâtre.

Tableau peint dans la manière de Wynants, dont Wouwerman était élève.

Signé et daté.

Bois. Haut., 35 cent.; larg., 43 cent.

WYNANTS (Jan)

346 — *Paysage.*

Auprès de deux grands arbres au feuillage touffu, sur une route bordée de buissons et de palissades garnies de bottes de paille, cheminent un cavalier montant un cheval blanc, et un piéton qui porte un lièvre au bout d'un bâton; quatre chiens de chasse les accompagnent. Plus loin, une rivière serpente dans la vallée et disparaît derrière les premiers mamelons d'une chaîne de montagnes qui se découpe sur l'horizon.

Coloration blonde et transparente.

Toile. Haut., 70 cent.; larg., 86 cent.

WYNANTS (Jan)

347 — *Le Monticule sablonneux.*

Une villageoise conduisant un âne chargé, un homme assis, un cavalier montant un cheval blanc, animent un chemin qui contourne un monticule vivement éclairé et couronné d'un massif d'arbres.

Les figures et les animaux sont de Lingelbach.

Bois. Haut., 26 cent.; larg., 35 cent.

WYNTRACK

348 — *Paysage.*

Des villageois sont arrêtés au pied d'un arbre, dans un sentier, sur le flanc d'une colline dont le plateau est occupé par les bâtiments d'une ferme.

Bois. Haut., 38 cent.; larg., 29 cent.

ÉCOLE ALLEMANDE (XVIe siècle)

349 — *Samson.*

Armé d'une mâchoire d'âne, il frappe un Philistin qu'il vient de renverser.

Peinture en grisaille.

Bois. Haut., 26 cent., larg., 20 cent.

ÉCOLE FLAMANDE (fin du XVe siècle)

350 — *La Circoncision.*

Le grand prêtre, revêtu de ses ornements pontificaux, et un acolyte en robe rouge et camail noir, soutiennent l'Enfant Jésus au-dessns d'un baptistère en marbre noir monté sur un pied richement ouvragé en orfèvrerie. Au second plan, quatre personnages, un vieillard et trois saintes femmes, assistent à la cérémonie.

Fond d'architecture à arceaux gothiques.

Bois. Haut., 36 cent.; larg., 26 cent.

ÉCOLE FLAMANDE (fin du xve siècle)

351 — *La Visitation.*

Peinture en grisaille.

Bois. Haut., 36 cent.; larg., 22 cent.

ÉCOLE FLAMANDE (xvie siècle)

352 — *La montée au Calvaire.*

Le cortège sort des portes de Jérusalem et prend le chemin du calvaire. En tête, un soldat sonne de la trompe; à droite, sainte Véronique s'agenouille devant Jésus, qui succombe sous le poids de la croix, et qu'un bourreau, revêtu d'une riche armure, frappe avec un bâton. Dans le fond, au pied du calvaire, saint Jean et deux saintes femmes.

Bois. Haut., 1 m. 15 cent.; larg., 78 cent.

ÉCOLE HOLLANDAISE

353 — *Portrait de femme.*

De trois quarts, souriante, la tête coiffée d'un capuchon de dentelle, les épaules recouvertes d'une pèlerine blanche nouée par des rubans noirs.

Sur une plaque de métal, forme ovale.

Haut., 10 cent.; larg., 08 cent.

ÉCOLE HOLLANDAISE

354 — *Réunion de notables hollandais.*

Neuf personnages, vraisemblablement les membres de la fabrique, sont représentés dans l'intérieur d'une église, têtes nues, à mi-corps, en costume sévère de soie noire avec larges cols empesés.

Bois. Haut., 38 cent.; larg., 56 cent.

ÉCOLE FRANÇAISE

AUBRY

355 — *La Surprise.*

Esquisse.

Haut., 32 cent.; larg., 25 cent.

BEAUBRUN

356 — *Portrait de femme.*

Assise sur un canapé, elle joue de la guitare.

Toile. Haut., cent.; larg., cent.

BILCOQ

357 — *Enfant et chien.*

Bois. Haut., 11 eent. 1/2 ; larg., 10 ccnt.

BOUCHER (François)

358 — *Le sommeil de Vénus.*

La tête ceinte d'un diadème en perles, ses cheveux blonds dénoués, la déesse est mollement étendue sur une grande draperie blanche, une main reposant sur l'épaule de son fils, penché en avant comme pour recommander le silence. Une étoffe de velours rouge se drape en larges plis autour de la déesse; et l'on voit à gauche son char en forme de conque dorée, ainsi que les deux colombes et le carquois de l'Amour.

Ce tableau semble appartenir à la première manière du maître, et avoir été peint à l'époque de son voyage en Italie.

Signé à droite,

Toile. Haut., 1 m. 18 cent.; larg., 1 m. 90 cent.

BOUCHER (Fr.)

359 — *La Musique.*

Deux amours, dont l'un frappe un tambourin, planent dans les airs devant une jeune fille qui joue du chalumeau.

Esquisse.

Haut., 25 cent.; larg., 34 cent.

BOUCHER (Fr.)

360 — *La mort d'Adonis.*

Trois nymphes soulèvent le corps du malheureux berger, étendu au pied d'un saule. A gauche, un char attelé de deux chevaux blancs.

Esquisse.

Toile. Haut., 51 cent.; larg., 37 cent.

BOUCHER (attribué à Fr.)

361 — *La Musique pastorale.*

Adossé contre un vieux mur tapissé de plantes grimpantes, un berger joue du chalumeau, contemplant sa bergère langoureusement couchée à ses pieds. Les moutons paissent dans les hauts herbages qui avoisinent la lisière du bois.

Toile. Haut., 95 cent.; larg., 1 m. 25 cent.

362 — *Les Oiseleurs.*

Une jeune fille tenant une couronne de fleurs, et un

berger tendant la corde du filet à capturer les oiseaux, sont assis sous les arbres, à l'entrée d'un bois.

Toile. Haut., 95 cent.; larg., 1 m. 25 cent.

Deux agréables peintures décoratives largement exécutées. Elles ont figuré à l'exposition des Arts décoratifs.

CHAMPAIGNE (Philippe de)

363 — *Portrait d'homme.*

A mi-corps, tourné vers la gauche, en costume sombre avec rabat; il tient une lettre portant l'inscription : 1663. *ætatis suæ* 54.

Toile. Haut., 80 cent.; larg., 64 cent.

CHARDIN (J.-B. Siméon)

364 — *Perdrix.*

Une perdrix grise et une grosse poire sont placées sur une table de pierre.

Signé en bas : Chardin, 1748.

Toile. Haut., 37 cent.; larg., 45 cent.

CHARDIN (Siméon)

365 — *La Ménagère.*

Elle est assise, vêtue d'une robe verte avec tablier blanc, des ciseaux suspendus à sa ceinture; sur ses genoux, une pièce d'étoffe qu'elle vient de ravauder.

Esquisse.

Toile. Haut., 28 cent.; larg., 21 cent.

CHARDIN (attribué à)

366 — *Portrait de femme.*

Vue de face, coiffée d'un bonnet blanc et d'une pointe de dentelle noire nouée sous le menton. Un mantelet noir est passé sur sa robe de soie grise.

Toile. Haut., 60 cent.; larg., 50 cent.

CHARPENTIER

367 — *La Fille mal gardée.*

Esquisse.

Haut., 34 cent.; larg., 27 cent.

CLOUET (attribué à Jehannet, dit)

368 — *Portrait d'homme.*

De trois quarts, en buste, fine moustache et barbe blondes, cheveux plus foncés, taillés court, col à bouillons, pourpoint de soie et manteau garni de fourrure.

Bois. Haut., 17 cent.; larg., 14 cent. 1/2.

CLOUET (École de)

369 — *Portrait d'homme.*

Personnage à barbe blonde, coiffé d'une toque noire, vêtu d'un surtout à large parement, passé sur un justaucorps de soie blanche; il porte le collier de la Toison d'or et tient des gants.

Bois. Haut., 37 cent.; larg., 27 cent.

CLOUET (École de)

370 — *Portrait d'un gentilhomme.*

Costume du temps de Henri II; toque à plume, justaucorps noir garni de broderies d'or, manches roses, chaîne d'or à trois rangs, descendant sur la poitrine. Une main sur la hanche, l'autre sur la poignée de l'épée.

Bois. Haut., 42 cent.; larg., 32 cent.

COYPEL (Charles-Antoine)

371 — *Portrait de l'acteur Poisson.*

Mine souriante, cheveux blonds bouclés, coiffé d'un feutre gris à bord relevé et orné d'un nœud rose, col à bouillons sur un pourpoint gris.

Toile. Haut., 53 cent.; larg., 43 cent.

COYPEL (Charles-Antoine)

372 — *Le Paradis terrestre.*

Adam est debout, au centre, écoutant les paroles de Dieu; Ève est assise à sa gauche; sur les côtés se trouvent des lions, des cerfs, un éléphant et d'autres animaux.

Toile. Haut., 1 m. 27 cent.; larg., 1 m. 95 cent.

DAEL (J.-Fr. van)

373 — *Fleurs.*

Deux corbeilles de fleurs et une jardinière en marbre, dans laquelle est placé un magnifique bouquet, sont placées sur une terrasse, à côté d'un buste enguirlandé.

Toile. Haut., 47 cent.; larg., 34 cent.

DANLOUX

374 — *Portrait de jeune femme.*

Représentée en pied, dans un salon, en toilette de bal. A gauche, un buste sur une colonne,

Toile. Haut., 49 cent.; larg., 36 cent.

DAVID (Louis)

375 — *Portrait présumé de Barnave.*

A mi-corps, de trois quarts tourné vers la droite, imberbe, cheveux poudrés, les bras croisés sur la poitrine, vêtu d'une redingote grise boutonné et à col rabattu.

Signé à droite : L. David, 1793.

Toile. Haut., 74 cent.; larg., 58 cent.

DAVID (L.)

376 — *Portrait d'un conventionnel.*

Tête d'étude.

Haut., 35 cent.; larg., 28 cent.

DE TROY (J.-F.)

377 — *Portrait de jeune femme.*

Représentée de face, les mains l'une sur l'autre, accoudée sur un balcon et tenant une guirlande de fleurs. Elle est vêtue d'une tunique à manches courtes, serrée dans un corset doré et entourée d'une écharpe de soie qui ondule sous la brise. A gauche, deux colombes sont perchées sur les branches d'un arbre.

Toile. Haut., 80 cent.; larg., 65 cent.

DE TROY

378 — *Chasses dans les quatre parties du monde.*

Suite de quatre tableaux exécutés en esquisse et représentant :

1° La Chasse à l'autruche;

2° La Chasse à l'éléphant;

3° La Chasse au buffle;

4° La Chasse au cerf.

Compositions très mouvementées et largement peintes.

Toile. Haut., 63 cent.; larg., 52 cent.

DROUAIS (Hubért)

379 — *Portrait de jeune femme.*

Cheveux poudrés, robe rouge décolletée et garnie de fourrure; nœuds de soie blanche bordés de galons noirs, autour du cou et au devant du corsage.

Gracieux portrait, d'une fraîcheur remarquable et d'une parfaite conservation.

Toile. Haut., 60 cent.; larg., 49 cent.

DUMONSTIER

380 — *Portrait présumé du président Brisson.*

De trois quarts, tourné vers la gauche, coiffé d'un bonnet noir, il est revêtu d'une toge rouge garnie de fourrure blanche. En buste.

Collection Signol.

Bois. Haut., 44 cent.; larg., 34 cent.

EISEN (Ch.)

381 — *Panneau de chaise à porteur.*

L'Abondance est représentée par une figure allégorique tenant une corne remplie de fruits et entourée de petits génies qui planent dans les nues.

Haut., 54 cent.; larg., 45 cent.

FRAGONARD (H.)

382 — *La fontaine.*

Deux enfants se suspendent au tablier d'une jeune fille qui emplit un seau à une fontaine de style égyptien, surmontée de statues supportant une sphère. A droite, deux dindons et, contre la porte d'un hangar, une amphore, un poêlon et des poteries.

850 — puis Donaldson E. Jonas

Esquisse d'un effet très vigoureux.

Toile. Haut., 48 cent.; larg., 60 cent.

Vente Febvre 1882, n°

FRAGONARD

383 — *Le moulin à vent.*

Un moulin de bois est construit sur une éminence baignée par un cours d'eau, auprès de deux cabanes entourées de palissades. Ciel gris.

Toile. Haut., 31 cent.; larg., 40 cent.

GÉRARD (le baron)

384 — *La mise au tombeau.*

Deux saints personnages descendent le Christ dans le tombeau creusé dans le rocher. Une lanterne déposée à terre projette des lueurs rougeâtres contrastant avec le rayon de lumière blafarde, venant d'en haut, qui éclaire cette scène dramatique.

Esquisse.

Haut., 40 cent.; larg., 32 cent.

GILLOT (Claude)

385 — *Le Singe jardinier.*

Haut., 13 cent.; larg., 18 cent.

GREUZE (J.-B.)

386 — *La Méditation.*

Une jeune fille aux cheveux blonds, accoudée sur une table, le front dans la main, les yeux baissés, semble absorbée dans une pensée de mélancolique regret. Ses épaules sont enveloppées d'un fichu jaunâtre.

Toile. Haut., 40 cent.; larg., 31 cent.

GREUZE (J.-B.)

387 — *Portrait d'un homme de lettres.*

Vu de trois quarts, cheveux poudrés, cravate blanche, habit brun, gilet jaune à revers, la main gauche à plat sur un livre posé sur une table.

Bois. Haut., 66 cent.; larg., 58 cent.

GREUZE (attribué à)

388 — *La petite Boudeuse.*

Une jeune paysanne, coiffée d'un bonnet blanc à rubans bleus, est assise sur une chaise, la tête inclinée sur l'épaule droite.

Toile. Haut., 46 cent.; larg., 38 cent.

GREUZE (attribué à J.-B.)

389 — *Portrait présumé de Beaumarchais.*

Cheveux poudrés, cravate blanche, jabot de dentelle, habit violet. En buste et de trois quarts.

Toile ovale. Haut., 59 cent.; larg., 48 cent.

GREUZE (attribué à J.-B.)

390 — *La petite pleureuse.*

On a infligé quelque pénitence à une blonde fillette qui, l'air contrit, des larmes dans les yeux, joignant les mains, semble implorer son pardon. Figure à mi-corps.

Quelques retouches, nécessitées par un accident dans la partie inférieure de la toile, ont altéré la finesse de ton des vêtements.

Toile. Haut., 45 cent.; larg., 36 cent.

GREUZE (attribué à J.-B.)

391 — *La petite liseuse.*

Une jeune fille étudie sa leçon dans un petit livre placé sur une table, à côté d'une corbeille.

Toile. Haut., 53 cent.; larg., 43 cent.

GRIMOUX

392 — *Portrait d'homme.*

De face, en buste, la joue appuyée sur la main droite, la tête enveloppée d'un foulard rouge.

Toile. Haut., 43 cent.; larg , 35 cent.

GRIMOUX

393 — *Portrait d'un jeune homme.*

A mi-corps, coiffé d'un chapeau à plumes, vêtu d'un habit de velours rouge à boutons dorés, il s'apprête à sortir son épée du fourreau.

Toile. Haut., 70 cent.; larg., 56 cent.

GUYARD-VINCENT (Mme)

394 — *Portrait présumé de Mme Élisabeth.*

Les cheveux frisés et poudrés, maintenus par un ruban jaune, les épaules couvertes d'un fichu en gaze de soie. En buste et presque de face.

Toile ovale. Haut., 62 cent.; larg., 46 cent.

GUYARD-VINCENT (Mme)

395 — *Portrait présumé de Marie-Antoinette.*

En buste, cheveux cendrés tombant en boucles sur les épaules, robe blanche et fichu noué sur la poitrine.

Ovale. Haut., 52 cent.; larg., 43 cent.

HEINSIUS (Jean-Ernest)

396 — *Portrait de jeune femme.*

Vue de trois quarts, levant les yeux, ses longs cheveux dénoués flottant sur les épaules, la gorge nue, le visage souriant.

Toile ovale. Haut., 54 cent.; larg., 44 cent.

INGRES

397 — *Étude pour le tableau* le Saint Symphorien.

Haut., 35 cent.; larg., 30 cent.

INGRES

398 — *Tête de jeune fille.*

Vue de trois quarts. Étude signée Ingres.
Vente Paravey.

Toile. Haut., 27 cent.; larg., 21 cent.

LANCRET (Nicolas)

399 — *Le Duo.*

Un jeune seigneur en culotte courte et veste jaune joue de la flûte, tandis qu'une dame assise, en toilette de soie bleue, tient des deux mains la partition ; à droite, un massif d'arbres se découpant sur un ciel brumeux.

Toile ovale. Haut., 52 cent.; larg., 45 cent.

LARGILLIÈRE (Nicolas de)

400 — *Portrait de jeune femme.*

De face, en costume très élégant, robe de satin blanc bordée de galons d'or et garnie de dentelles, et manteau de velours bleu ondulant autour du corps. Elle a deux œillets, un blanc, l'autre rouge, piqués dans son corsage. Fond de paysage.

Toile. Haut., 80 cent.; larg., 63 cent.

LEBRUN (genre de Mme)

401 — *Portrait présumé de Mlle de Polignac.*

En robe blanche, serrée à la taille par une ceinture bleue, elle est assise devant un clavecin et tient une romance.

Le dossier de la chaise est décoré d'une peinture en grisaille représentant des amours en cage.

Toile. Haut., 1 m.; larg., 80 cent.

LEFÈVRE (attribué à ROBERT)

402 — *Portrait d'une dame et de sa fille.*

Une dame à la chevelure noire et crespelée, vêtue d'une robe rouge et d'un châle de cachemire, entoure sa jeune fille des deux bras et tient une lettre. L'enfant vêtue d'une tunique blanche, le cou orné d'un collier en corail, a dans les mains une miniature encadrée d'une bordure noire.

Sur la lettre sont tracées quelques initiales et la date 1810.

Toile. Haut., 79 cent.; larg., 64 cent.

LE PRINCE (J.-B.)

403 — *Buste de vieillard.*

Bonnet et manteau rouges garnis de fourrures.

Toile. Haut., 45 cent.; larg., 38 cent.

LOO (Louis-Michel van)

404 — *Portrait présumé de Mme de Penthièvre.*

En buste, de trois quarts, les cheveux bouclés et poudrés, en robe de satin rose lamée d'argent, décolletée et bordée de bouillons de soie blanche. Un manteau de velours bleu, doublé d'hermine, enveloppe la taille et les bras.

Toile. Haut., 57 cent.; larg., 48 cent.

LORRAIN (Claude-Gelée, dit le)

405 — *La fuite en Égypte.*

Guidée par deux anges, la sainte Famille voyage dans une campagne plantée de grands arbres. Une éclaircie à droite laisse voir une rivière traversée par un pont à trois arches et un lointain de montagnes azurées sous un ciel empourpré par le couchant.

En bas, on distingue les traces de la signature et la date 1647.

Toile. Haut., 34 cent.; larg., 40 cent.

LORRAIN (attribué à Claude)

406 — *Paysage boisé.*

Au premier plan deux villageois amènent un troupeau de vaches à l'abreuvoir. A droite, un bouquet de grands arbres. A gauche, un monument en ruines au sommet d'un rocher escarpé.

Toile. Haut., 72 cent.; larg., 95 cent.

MAYER (Mlle)

407 — *La Mère heureuse.*

Haut., 24 cent.; larg., 18 cent.

408 — *La Mère infortunée.*

Haut., 24 cent.; larg., 18 cent.

MIGNARD (Ecole de)

409 — *Portrait présumé de Auguste le Fort, roi de Pologne.*

Il est revêtu de l'armure et porte une longue perruque qui descend sur les épaules.

Toile. Haut., 80 cent.; larg., 64 cent.

MIGNARD (École de)

410 — *Portrait de Mazarin.*

Représenté en buste et de trois quarts, en costume de cardinal.

Toile. Haut., 57 cent.; larg., 48 cent.

MOREAU (attribué à Louis)

411 — *La promenade en bateau.*

Plusieurs dames et un homme jouant de la guitare font une promenade en barque dans un petit cours d'eau bordé de saules et de peupliers.

Bois. Haut., 21 cent.; larg., 30 cent.

MOREAU (genre de L.)

412 — *Paysage.*

Berger conduisant son troupeau au tournant d'une route, à quelque distance d'une maison bâtie sur une hauteur.

Bois. Haut., 26 cent.; larg., 38 cent.

NATTIER (J.-M.)

413 — *Une des filles des Louis XIV.*

De face, en buste, quelques fleurs piquées dans ses cheveux poudrés, un nœud bleu au cou, deux barbes de dentelle noire descendant sur les épaules.

Toile ovale. Haut., 35 cent.; larg., 30 cent.

NATTIER (J.-M.)

414 — *Portrait de jeune femme.*

De trois quarts et tournée vers la gauche. Cheveux poudrés, bonnet blanc, tour de cou en soie plissé de nuance orangée; robe rouge avec fichu de dentelle noire.

Toile. Haut., 60 cent.; larg., 47 cent.

NATTIER (J.-M.)

415 — *Portrait de la duchesse de ***.*

En buste, tournée de trois quarts vers la gauche, les épaules nues; quelques fleurs sont piquées dans ses cheveux bouclés et poudrés.

Toile. Haut., 40 cent.; larg.; 32 cent.

NATTIER (J.-M.)

416 — *Deux petites esquisses.*

Dans la première, une jeune femme nonchalamment étendue à terre, dans un charmant déshabillé bleu et blanc, est occupée à trier des fleurs pour tresser une couronne.

Dans la seconde esquisse, la même personne tient d'une main un cahier de musique et soulève de l'autre une écharpe bleue jetée sur ses genoux.

Ces deux petites peintures passent pour être la première pensée de deux grands portraits de Mme de Châteauroux représentée en Flore et en déesse protectrice des Beaux-Arts.

Haut., 13 cent.; larg., 21 cent.

NATTIER (attribué à J.-M.)

417 — *Portrait de la duchesse de ***.*

Fière, impérieuse, regardant à gauche, portée sur une nuée, elle répand des fleurs sur son passage, accompagnée par un génie, l'étoile au front, le flambeau à la main. Des fleurs sont piquées dans ses cheveux châtains qui retombent en longues tresses derrière le cou. Elle a pour vêtement une tunique blanche décolletée, à manches relevées et maintenues près de l'épaule par un cordon de perles. Une écharpe bleue flotte autour du corps.

Gravé anciennement par Maleuvre, sous ce titre : *La nuit passe, l'aurore paraît.* Gravé aussi par Gaujean.

Toile. Haut., 1 m.; larg., 80 cent.

PARROCEL

418 — *Portrait d'un chasseur.*

Tête nue, vêtu d'un habit bleu à boutons dorés, assis sur un tertre, tenant son fusil et caressant son chien qui pose les pattes de devant sur ses genoux. Par terre, à gauche, divers accessoires de chasse.

Toile. Haut., 1 m. 42 cent.; larg., 1 m. 08 cent.

PRUD'HON (Pierre)

419 — *La Chute des anges rebelles.*

Composition séparée en deux groupes distincts : dans la partie supérieure, Dieu le Père, porté par des anges, vêtu d'une tunique blanche et d'un manteau bleu qui flotte, les bras surélevés, les mains armées de la foudre; dans la partie inférieure, les anges déchus se tordant dans les convulsions du désespoir.

Belle esquisse, très énergique, signée : P. Prudhon.

Collection Laperlier.

Haut., 48 cent.; larg., 29 cent.

PRUD'HON (Pierre)

420 — *Minerve conduisant le Génie de la Peinture au séjour de l'Immortalité.*

Haut., 50 cent.; larg., 36 cent.

PRUD'HON (attribué à P.)

421 — *Portrait d'une princesse de la famille impériale et de son fils.*

Elle est assise, vue jusqu'aux genoux, tournée vers la droite, vêtue d'une robe blanche, un fichu noué autour du cou; la main droite sur le bras de son fils. Celui-ci debout, vêtu d'une jaquette verte avec collerette plissée, a le coude appuyé sur les genoux de sa mère.

Toile. Haut., 96 cent.; larg., 72 cent.

PRUD'HON (attribué à Pierre)

422 — *L'Assomption de la Vierge.*

Esquisse du tableau du Louvre.

Toile. Haut., 32 cent.; larg., 25 cent.

PRUD'HON (attribué à)

423 — *Portrait présumé de Mlle Duchesnoy.*

Représentée dans le rôle de la reine Artémise, enveloppée d'un voile de deuil. Figure en buste.

Toile. Haut., 50 cent.; larg., 38 cent.

PRUD'HON (attribué à)

424 — *Le baron Vivant-Denon.*

Presque de face, en buste, il porte une cravate blanche, un gilet brodé et un habit brun.

Toile. Haut., 32 cent.; larg., 22 cent.

RIGAUD (HYACINTHE)

425 — *Portrait présumé de la duchesse de Bourgogne.*

Vue en buste, coiffée en cheveux avec boucles sur le front; robe décolletée.

Toile ovale. Haut., 46 cent.; larg., 38 cent.

RIGAUD (Hyacinthe)

426 — *Portrait d'un écrivain.*

Représenté à mi-jambes, coiffé d'un bonnet bleu, la main droite appuyée sur un livre, soulevant de la gauche les plis d'une ample robe de chambre de velours rouge garnie de passements d'or.

Toile cintrée du haut Haut., 40 cent.; larg., 30 cent.

RIGAUD (attribué à H.)

427 — *Portrait de femme.*

Les épaules entourées d'une écharpe violette qui se drape sur une robe de drap d'or.

Toile. Haut., 80 cent.; larg., 64 cent.

RIGAUD (attribué à)

428 — *Portrait de femme.*

Dame âgée, coiffée d'un bonnet blanc et d'un capuchon noir. En buste et de trois quarts.

Toile. Haut., 46 cent.; larg., 38 cent.

ROBERT (Léopold)

429 — *Les Brigands italiens.*

Des brigands, embusqués dans la montagne, font le coup de feu avec les soldats envoyés à leur poursuite. Une femme saisit le fusil de l'un d'eux, grièvement blessé, et qu'un de ses compagnons emporte sur son dos.

Signé ainsi : Ld Robert, *Rome* 1824.

Toile. Haut., 76 cent.; larg., 66 cent.

SCHEFFER (Ary)

430 — *Portrait de La Fayette.*

En pied dans la campagne, la canne et le chapeau à la main.

Toile. Haut., 53 cent.; larg., 45 cent.

VESTIER

431 — *Tête d'étude pour un portrait.*

Vente Lehman. Cette belle étude a été aussi attribuée à L. David.

Toile. Haut., 50 cent ; larg., 40 cent.

WATTEAU (Antoine)

432 — *L'Assemblée au parc.*

Sept personnages, tout pimpants dans leurs charmants costumes d'étoffes chatoyantes, sont réunis dans un parc, auprès d'une fontaine en rocailles surmontée de statues de Sources. — Une dame, tenant sa jupe à deux mains, esquisse un pas de menuet; debout derrière elle, un galant, les mains derrière le dos, lui glisse à l'oreille quelques mots doucereux. Un autre galant lutine sa belle sur le gazon; une jeune femme, à droite, assise au pied de la fontaine, en toilette toute rose, joue avec son éventail. A gauche, un couple d'amoureux sous l'ombrage des arbres.

Toile. Haut., 37 cent.; larg., 47 cent.

WATTEAU (Antoine)

433 — *Vénus et l'Amour.*

L'Amour nu se hausse pour atteindre des fleurs que sa mère lui présente dans un pli de sa jupe.

Esquisse exécutée sous l'influence des maîtres vénitiens.

Collection Camille Marcille.

Toile. Haut., 47 cent.; larg., 37 cent.

WATTEAU (Antoine)

434 — *La Collation sur l'herbe.*

A l'ombre des grands arbres, deux dames, l'une vêtue de bleu, l'autre de rose, sont assises sur le gazon; deux jeunes seigneurs leur versent à boire, un troisième met des gourdes à rafraîchir.

Esquisse très légèrement peinte.

Haut., 21 cent.; larg., 33 cent.

WATTEAU (attribué à Antoine)

435 — *La galante réunion.*

Une société, composée de onze personnes revêtues de brillantes toilettes tout en velours et en satin, s'est arrêtée sous les grands arbres du parc, auprès d'une fontaine surmontée de statues. Dames et cavaliers se sont assis sur le gazon. Un joueur de guitare, seul, est resté debout. A droite, deux enfants se roulent dans l'herbe pour cueillir des fleurs. Dans l'éloignement, on aperçoit les maisonnettes d'un village, enfouies sous la verdure.

Toile. Haut., 60 cent.; larg., 74 cent.

ÉCOLE FRANÇAISE (XVIIIe siècle)

436 — *Portrait présumé d'Auguste III, électeur de Saxe.*

Représenté à mi-jambes, de grandeur naturelle, vêtu d'un habit rouge brodé d'or, et montrant du doigt un plan placé sur une table.

Toile. Haut., 1 m. 40 cent.; larg., 1 m. 08 cent.

ÉCOLE FRANÇAISE

437 — *Le supplice de la marquise de Brinvilliers.*

Petite esquisse sur panneau.

Haut., 20 cent.; larg., 23 cent.

ÉCOLE FRANÇAISE

PASTELS

LA TOUR (Maurice-Quentin de)

438 — *Portrait de femme.*

Vue presque de face, cheveux poudrés, perles aux oreilles, robe rouge avec fichu de tulle noir. En buste. Fond gris-bleu.

Collection de M. Marmontel.

Pastel. Haut., 40 cent ; larg., 31 cent.

LA TOUR (Maurice-Quentin de)

439 — *Portrait de Voltaire.*

Belle étude au pastel.

Haut., 26 cent.; larg., 18 cent.

LA TOUR (Maurice-Quentin de)

440 — *Tête de jeune femme.*

Presque de face, la tête légèrement inclinée sur l'épaule droite, les cheveux poudrés. Belle étude d'après nature. On croit que c'est le portrait de Mme de Pompadour.

Préparation au pastel.

Collection de M. Marmontel.

Haut., 29 cent.; larg., 23 cent.

LA TOUR (attribué à)

441 — *Portrait de femme.*

En buste, cheveux poudrés à longues tresses descendant sur la poitrine; corsage rose avec garniture de dentelle.

Pastel ovale.

Haut., 55 cent.; larg., 45 cent.

ROSALBA

442 — *Portrait présumé d'Oppenort.*

Bonnet rouge à revers bleu, cravate blanche, robe de chambre à ramages et manteau bleu.

Pastel.

Haut., 48 cent.; larg., 34 cent.

ROSLIN

443 — *Portrait de Boucher.*

En buste.
Pastel.

Haut., 30 cent.; larg., 23 cent.

ÉCOLE FRANÇAISE (XVIIIe siècle)

444 — *Portrait de femme.*

Jeune femme en robe de soie agrémentée de rubans, vue de face avec des fleurs dans sa coiffure.

Pastel.

Haut., 55 cent.; larg., 45 cent.

ÉCOLES ITALIENNE
ET ESPAGNOLE

BASSANO (Jacopo da Ponte, Il)

445 — *Portrait d'un Musicien.*

Vêtu d'un justaucorps de soie grise à galons noirs, assis dans un fauteuil à dossier bas, il chante en s'accompagnant sur la mandoline. De grandeur naturelle, à mi-corps.

Toile. Haut., 90 cent.; larg., 80 cent.

BASSANO (Ecole des)

446 — *Portrait d'homme.*

Coiffé d'un chapeau noir à larges bords, vêtu d'un pourpoint rouge recouvert aux épaules d'une pèlerine noire; il est assis sur un tertre, tenant un instrument de musique. A droite, au fond, des bestiaux entourent un abreuvoir à quelque distance d'une ferme. Ciel sombre.

Toile. Haut., 1 m. 04 cent.; larg., 85 cent.

BELLINI (attribué à GIOVANNI)

447 — *Portrait d'un personnage vénitien.* 2100

Vu en buste, tourné vers la droite, coiffé d'un bonnet noir, barbe et cheveux blonds, robe en velours grenat avec bande de velours noir posée sur l'épaule droite.

Très beau portrait.

Collection Otto Mundler.

Toile. Haut., 68 cent.; larg., 59 cent.

BELLINI (Ecole des)

448 — *La Sainte Famille.*

Au centre de la composition, la Vierge tenant l'Enfant Jésus qui se tourne vers saint Joseph et lui donne la bénédiction ; à gauche, une sainte tenant la palme. Figure à mi-corps.

Ce tableau paraît être l'œuvre de Vincent Catena, élève de Bellini et condisciple de Giorgione.

Bois. Haut., 70 cent.; larg., 96 cent.

BELLINI (Ecole des)

449 — *La Vierge et l'Enfant Jésus.*

Marie tient dans ses bras l'Enfant Jésus qui a les mains croisées sur sa poitrine; une couronne attachée à une guirlande feuillagée est suspendue au-dessus de la tête de la Vierge. Fond de paysage avec monuments.

Bois. Haut., 76 cent.; larg., 56 cent.

BORGOGNONE (Ambrogio)

450 — *L'Adoration de la Vierge.*

Saint Étienne, saint Jean-Baptiste et plusieurs autres saints sont prosternés autour du trône sur lequel la Vierge est assise, les mains jointes, les regards élevés vers le ciel. Dans le fond, une galerie à pilastres dorés.

Collection du comte Carlo Castelbarco, de Milan.

Bois. Haut., 1 m. 30 cent.; larg., 65 cent.

BRONZINO (Angiolo)

451 — *Portrait de Jean II de Médicis.*

De face, en buste, les cheveux châtains clairs, relevés sur le front, fraise tuyautée, justaucorps brun soutaché de galons d'or.

Bois. Haut., 67 cent.; larg., 42 cent.

BRONZINO (Angiolo)

452 — *Portrait présumé de Cosme de Médicis enfant.*

A mi-corps, vêtu d'une robe de soie grise tailladée, portant un collier d'or; la main posée sur une pomme.

Bois. Haut., 38 cent.; larg., 30 cent.

BRONZINO (Alessandro-Allori, le)

453 — *Sainte Catherine.*

Cheveux blonds ondulés, écharpe rose autour des épaules, une palme dans la main droite, la gauche posée sur l'instrument de son martyre.

Bois. Haut., 62 cent.; larg., 46 cent.

CAIRO (Antonio del)

Ecole de Giotto

454 — *Grand rétable du* XIVe *siècle.*

Il se compose de trente et une peintures, en plusieurs registres, placées dans une boiserie d'architecture gothique formant une double suite d'arceaux séparés par des piliers et surmontés de clochetons à feuillages découpés.

Rangée du haut : tableau central, le Christ en croix, la Vierge et saint Jean. A droite, représentés à mi-corps, saint Paul, saint Laurent et sainte Catherine ; à gauche, saint Pierre, saint Étienne et saint Augustin.

Rangée du bas : au centre, la Vierge assise sur un trône et tenant l'Enfant Jésus ; à ses pieds, un moine en prières ; à droite, représentés en pied, saint Marc, sainte Thérèse et saint François ; à gauche, saint Jean-Baptiste, saint Bruno et saint Michel.

Le soubassement de ce rétable offre huit médaillons à quatre lobes où sont peints les pères de l'Église, et deux niches placées aux extrémités, dans lesquelles sont représentés saint Christophe et saint Antoine.

D'autres pieux personnages sont peints dans des médaillons placés au sommet des clochetons.

Les fonds de toutes ces peintures sont dorés et décorés de rosaces et d'ornements gravés.

Haut., encadrement compris 2 m. 22 cent.;
larg., 2 m. 38 cent.

CIMA DA CONEGLIANO (GIOVANNI-BATISTA)

455 — *Le Christ bénissant.*

Représenté de face, en buste, la main droite levée pour bénir, vêtu d'une robe rouge à galons d'or et d'un manteau bleu doublé de jaune; une draperie verte retombe derrière lui; à droite, la vue se porte sur un paysage montagneux.

Bois. Haut., 54 cent.; larg., 51 cent

CORREGIO (attribué à ANTOINE ALLEGRI, dit IL)

456 — *Déposition de croix.*

Le corps du Christ est étendu sur un suaire, la tête repose sur les genoux de la Vierge qui s'évanouit entre les bras de Marie Solomé et de Marie Cleophas. Aux pieds de Jésus, la Madeleine s'affaisse en proie au plus profond désespoir.

Un homme descend d'une échelle appuyée contre la croix.

Bois. Haut., 42 cent.; larg., 48 cent.

CORRÈGE (Ecole du)

457 — *Figure d'ange.*

Toile. Haut., 36 cent.; larg., 26 cent.

COSTA (Lorenzo)

458 — *La Vierge, l'Enfant Jésus et sainte Cécile.*

La Madone, assise, joint les mains et s'incline sur l'Enfant Jésus, couché sur ses genoux et qui porte une main à sa bouche d'un geste plein de naïveté. A droite, sainte Cécile, debout devant un orgue, tient une palme à laquelle est suspendu un cartouche où se voient une partie de musique et un fragment de psaume. A gauche, par l'ouverture d'une croisée, on découvre un paysage boisé, les monuments d'une ville, des montagnes.

Bois. Haut., 74 cent.; larg., 53 cent.

DOSSO-DOSSI

459 — *Jésus et la Samaritaine.*

La Samaritaine, debout contre le puits, a posé son seau de cuivre sur l'appui de la margelle, et écoute avec recueillement les paroles du Christ, assis sur un banc de pierre. A droite, à l'entrée d'une allée d'arbres, le groupe des apôtres. Au fond, une ville construite au sommet d'une montagne.

Bois. Haut., 54 cent.; larg., 79 cent.

FERRARI (GAUDENZIO)

460 — *La Vierge et plusieurs saints.*

Devant une niche en pierre, la Vierge est assise sur un trône dont les deux marches sont décorées de bas-reliefs. Vêtue d'une robe rose et d'un manteau bleu, la tête enveloppée d'une étoffe de couleur jaunâtre, elle tient sur ses genoux l'Enfant Jésus et repose sa main droite sur l'épaule du petit saint Jean. A droite et à gauche, deux saints assis, en grand costume épiscopal. Dans le haut de la composition, deux anges soulevant des rideaux verts.

Signé à droite.

Bois. Haut., 1 m. 05 cent.; larg., 72 cen

FRANCESCA (attribué à PIÉTRO DELLA)

461 — *Portrait présumé de Malatesta, de la famille des Bentivoglio.*

De profil, en buste, cheveux noirs frisés, coiffé d'un

bonnet rouge évasé du haut et portant un vêtement de même couleur. Le fond est vert olive.

Bois. Haut., 46 cent.; larg., 38 cent.

GADDI (Ecole des)

462 — *L'Annonciation.*

L'Ange Gabriel, revêtu d'une tunique blanche, se prosterne aux pieds de Marie, assise sur un trône et tenant sur les genoux un livre de piété. Nimbes, parements des costumes et fonds dorés.

Bois, Haut., 79 cent.; larg., 57 cent.

GIOTTO (attribué à)

463 — *Une sainte Femme.*

En buste, ses longs cheveux blonds descendant sur les épaules, le front ceint d'un bandeau, le bas du visage et le cou recouverts d'une étoffe rose, elle est vêtue d'un manteau bleu. Fond doré.

Bois. Haut., 33 cent.; larg., 28 cent.

GOYA (Francisco)

464 — *Le Congrès.*

Au fond d'une vaste salle, triste, obscure, sans aucune ornementation, on distingue vaguement les membres du Congrès assis sur une estrade, derrière une large table, le président au centre dans un fauteuil doré. A droite et à gauche, de nombreux assistants sur plusieurs rangées de chaises.

Un rayon de lumière blafarde tombe sur le parquet, projetant seulement quelques lueurs incertaines sur ces groupes à demi-perdus dans l'ombre.

Collection Laperlier.

Toile. Haut., 58 cent.; larg., 70 cent.

GOYA (Francisco)

465 — *Portrait d'un officier.*

Représenté en pied, dans un paysage, la main sur le pommeau de son sabre; il porte un bonnet à poil, une veste jaune à brandebourgs, une écharpe rouge nouée autour de la taille.

Toile. Haut., 74 cent.; larg., 54 cent.

GOYA (Francisco)

466 — *Portrait d'homme.*

Personnage en costume de cour, représenté de trois quarts, en buste, et portant les insignes de plusieurs ordres sur un habit bleu garni de fourrure.

Toile. Haut., 65 cent.; larg., 49 cent.

GUARDI (Francesco)

467 — *La place Saint-Marc.*

La vue est prise de la mer, juste en face la tour de l'horloge. La Piazzetta forme le premier plan; à droite, le palais des Doges, et plus loin la façade latérale de saint Marc; à gauche, la Bibliothèque, le Campanile et la *loggietta.* Des seigneurs et des dames en promenade, des gens du peuple, des marchands ambulants, sont disséminés sur tous les plans de la place.

Œuvre importante, d'une coloration chaude et vigoureuse et d'une facture pleine d'impromptu et de brio.

Toile. Haut., 77 cent.; larg., 1 m. 14 cent.

GUARDI (Francesco)

468 — *Paysage.*

A gauche, une tour délabrée domine un amas de vieilles maisons entourées par un mur, au bord d'une rivière. Cinq figurines animent le premier plan.

Toile. Haut., 24 cent.; larg., 33 cent.

LIPPI (Fra Filippo)

469 — *La Vierge aux anges.*

Vêtue d'une robe rose et d'un manteau vert bordé d'un galon d'or enrichi de perles et de pierreries, la tête recouverte d'une voilette blanche, la Vierge présente une grenade à l'Enfant Jésus assis sur ses genoux. A droite, un ange en adoration, les mains croisées sur la poitrine; à gauche, un autre ange tenant un œillet. Pour fond, un paysage montagneux et boisé.

Œuvre de premier ordre pour la pureté du dessin et l'élévation du style.

Bois. Haut., 79 cent.; larg., 51 cent.

LIPPI (Ecole de Fra Filippo)

470 — *La Vierge et l'Enfant Jésus.*

Marie, représentée en pied, a sur les genoux l'Enfant Jésus enveloppé d'un lange violet brodé d'or; elle est assise devant un mur que surmontent des fleurs et des feuillages.

Bois. Haut., 61 cent.; larg., 43 cent.

MANTEGNA (attribué à Andrea)

471 — *Le Sommeil de l'Enfant Jésus.*

La Vierge, au centre, vue à mi-corps, la tête couverte d'un voile vert, tient dans ses bras l'Enfant endormi. A droite, saint Joseph, de profil, barbe et cheveux blancs; à gauche, sainte Catherine.

Bonne et intéressante peinture ayant tous les caractères des œuvres de Mantégna.

Bois. Haut., 48 cent.; larg., 36 cent.

MAZZOLINI (de Ferrare)

472 — *La Circoncision.*

Au centre, le grand prêtre, assis sur une estrade, tient l'Enfant Jésus sur ses genoux. Deux prêtres à ses côtés se préparent à l'assister. Autour d'eux, nombreuse assemblée de docteurs et personnages en riches costumes. A droite, dans le groupe, on distingue saint Joseph et Marie dans l'attitude de l'adoration.

Fond d'architecture.

Bois. Haut., 31 cent.; larg., 23 cent.

MELOZZO (Francesco)

473 — *La Sainte Famille aux anges.*

Un ange soutient l'Enfant-Jésus, assis à terre sur un pan du manteau de la Vierge, qui est agenouillée, en prières. Deux autres anges sont en adoration. A gauche, saint Joseph, les mains croisées sur son genou. Deux colonnes corinthiennes se détachent sur un fond de paysage montagneux où l'on aperçoit deux bergers, dont l'un porte un agneau sur ses épaules.

Bois. Haut., 88 cent.; larg., 72 cent.

MONTAGNA (attribué à Bartolomeo)

474 — *Le Christ en croix.*

Sainte Madeleine embrasse le pied de la Croix; à gauche, la Vierge et saint François; à droite, saint Jean et saint Jérôme.

Collection de Lestang-Parade.

Bois. Haut., 56 cent.; larg., 48 cent.

MORETTO DA BRESCIA (attribué à)

475 — *Portrait d'un gentilhomme.*

Représenté à mi-corps, debout, en costume de soie noire, avec manteau garni de fourrure, le collier d'or des chevaliers de Saint-Jacques descendant sur la poitrine. Il a des cheveux noirs, la moustache et la barbiche blanche. Une fraise bouillonnée entoure le cou. La main droite repose sur le pommeau de l'épée ; il tient des gants dans la main gauche.

Toile. Haut., 1 m. 22 cent.; larg., 1 m.

MORONE

476 — *Portrait d'homme.*

De trois quarts, imberbe, cheveux blonds, fraise tuyautée et pourpoint de soie noire. En haut, une inscription donnant l'âge du personnage en 1613.

Bois, forme ovale. Haut., 11 1/2 cent.; larg., 9 cent.

MURILLO (Bartolomé-Esteban)

477 — *Saint Pierre aux liens.*

Saint Pierre, assis dans sa prison, voit apparaître l'ange libérateur, les ailes déployées. Dans le fonds, les gardes endormis.

Esquisse du célèbre tableau qui a fait partie de la collection du maréchal Soult.

Collection Novar, de Londres.

Toile. Haut., 30 cent.; larg., 30 cent.

MURILLO (Bartolome-Esteban)

478 — *Madeleine.* 1500

Représentée en pied, à genoux, les mains jointes, les cheveux épars sur les épaules, les regards levés vers le ciel.

Elle est vêtue d'une tunique blanche et d'une draperie violette. Par terre, un vase à parfums. Dans la partie supérieure du tableau apparaît un groupe de trois anges qui font de la musique.

Une figure identique, mais seulement en buste, fait partie du Musée de Madrid.

Toile. Haut., 1 m. 54 cent.; larg., 92 cent.

MURILLO (attribué à)

479 — *La Salutation angélique.*

L'ange Gabriel porté sur un nuage présente une branche de lis à la Vierge Marie, agenouillée sur un prie-Dieu, les mains croisées sur la poitrine.

Toile. Haut., 46 cent.; larg., 38 cent.

MURILLO (attribué à)

480 — *Portrait d'un savant.*

En costume de philosophe cynique, revêtu d'une souquenille déchirée il est représenté à mi-jambe, tenant de la main droite un rouleau de papier et indiquant de la gauche les manuscrits placés sur une table.

Toile. Haut., 1 m. 25 cent.; larg., 98 cent.

PALMA VECCHIO (Jacopo)

481 — *Saint Pierre.*

L'apôtre est représenté en buste, vêtu d'une robe à passements dorés et d'un manteau rouge doublé de vert. — Pour fond, un paysage montagneux.

Bois. Haut., 34 cent.; larg., 28 cent.

PALMEZZANO DA FORLI (Marco)

482 — *Jésus portant la croix.*

Le Christ, couronné d'épines, penche la tête sur le montant de la croix qu'il porte sur l'épaule; un bourreau tire la corde nouée autour de son cou. Nicodème et Joseph d'Arimathie, placés à côté d'eux, sont vêtus de capes ornées de perles et de pierreries. Ces quatre figures sont vues en buste.

Signé sur un cartouche et daté 1525.

Bois. Haut., 58 cent.; larg. 80 cent.

PENNI dit Il Fattore (attribué à J.-F.)

483 — *Portrait de jeune homme.*

Vu de trois quarts, tourné vers la gauche, imberbe, ses longs cheveux châtains descendant sur le cou. Il est coiffé d'une toque noire et vêtu d'un justaucorps gris de fer, sur lequel est passé un surtout plissé en drap pourpre. La main gauche est posée à plat sur une table recouverte d'un tapis d'Orient; il tient ses gants de la main droite fermée. — Entre deux colonnes de marbre placées à droite et à gauche, on découvre un paysage parsemé de maisons, sous un ciel bleu où flottent quelques nuées bleuâtres.

Quelques personnes ont cru retrouver le portrait de Raphaël dans les traits de ce personnage. Quoi qu'il en soit, c'est une œuvre très remarquable, d'un fort beau caractère, datant du commencement du XVIe siècle, et exécutée dans l'école et sous l'influence du grand artiste.

Bois. Haut., 68 cent.; larg., 62 cent.

PERUGINO (attribué à BERNARDINO)

484 — *Saint Jérôme, saint Pierre et saint Paul.*

Ils sont représentés sous trois arches taillées dans le roc. Au milieu, saint Jérôme est assis devant la croix, le lion couché à ses pieds. A droite, saint Paul debout, une main sur son épée et tenant dans l'autre un livre ouvert et un cierge. A gauche, saint Pierre, drapé dans son manteau, tenant les clefs et un livre. Fond de paysage avec monuments sur des rochers.

Bois. Haut.; 1 m. 62 cent.; larg., 1 m. 60 cent.

PITURRICHIO (Bernardino di Benedetto, dit Il)

485 — *La Mise au tombeau.* 780

Joseph d'Arimathie et Nicodème soutiennent le corps du Christ, et Madeleine agenouillé lui embrasse la main.

Bois cintré du haut. Haut., 76 cent.; larg., 1 m. 50 cent.

PIOMBO (attribué à Sebastiano del)

486 — *Portrait présumé d'André Doria, doge de Venise.*

En buste, de profil, tourné vers la gauche, cheveux blancs courts, longue barbe taillée en pointe; portant sur la poitrine l'ordre de la Toison d'or; toque et robe noires.

Bois. Haut., 30 cent; larg., 23 cent.

RAPHAEL (Ecole de)

487 — *La Résurrection.* 5900

Au centre de la composition, le Christ est debout sur le tombeau, tenant d'une main l'étendard crucigère; de l'autre, il indique le ciel. Trois soldats assis par terre sont endormis; un quatrième s'enfuit en levant les bras. Fond de paysage accidenté et planté de palmiers.

Cette peinture, dans le style de Pérugin et de Pinturrichio, offre une grande analogie avec les œuvres de la première manière de Raphaël, à qui elle est attribuée.

Bois. Haut , 46 cent.; larg., 41 cent.

RAPHAEL (Ecole de)

488 — *La sainte Famille dell' Impannata.*

Marie, sainte Anne et sainte Élisabeth portent et caressent l'Enfant Jésus qui passe les bras autour du cou de sa mère. A droite, le petit saint Jean, assis sur une peau de mouton et tourné vers le spectateur, désignant du doigt son divin Maître.

Bonne et agréable réduction, attribuée à Jules Romain, du célèbre tableau de la galerie Pitti, représentant la Sainte Famille dite *dell' Impannata*, à cause du châssis de toile qui garnit la fenêtre, « Impannata » en langue] florentine. En bas, à gauche, sont tracées les initiales de Raphaël et la date 1509.

Bois. Haut., 39 cent.; larg.. 27 cent.

RAPHAEL (Ecole de)

489 — *Saint Joseph.*

Représenté dans la campagne, tête nue, enveloppé d'un manteau jaunâtre et portant sur l'épaule un paquet suspendu à un bâton. Figure à mi-corps. Collection Oudry.

Bois. Haut., 22 cent.; larg., 16 cent.

RIBERA (GIUSEPPE)

490 — *L'Assomption de la Madeleine.*

Ses longs cheveux blonds épars sur le dos, les regards levés vers le ciel, les mains en croix sur la poitrine, Madeleine s'élève dans les airs, entourée d'anges qui portent le cilice et le vase à parfums. Elle est vêtue d'une robe de bure et d'un long manteau rose dont les pans ondulent autour de son corps. Son visage se détache sur les tons d'or d'un rayon céleste dans lequel apparaissent des groupes de chérubins.

D'une fermeté d'exécution très remarquable, d'un coloris lumineux et plein d'éclat, cette toile est une œuvre de premier ordre et un admirable spécimen de l'art espagnol au XVIIe siècle.

Toile. Haut., 2 m. 22 cent.; larg., 1 m. 74 cent.

RICCI (Sebastiano)

491 — *La Reine Artémise.*

492 — *Le miroir magique.*

Deux tableaux formant pendants.

Toiles ovales. Haut., 1 m. 12 cent.; larg., 88 cent.

ROMAIN (attribué à Jules)

493 — *La Vierge, l'Enfant Jésus et saint Jean.*

Coiffée d'une draperie enroulée en manière de turban, la Vierge en robe rose et manteau vert tient l'Enfant Jésus dans ses bras. Le petit saint Jean, une peau de mouton sur l'épaule, tenant une croix enlacée d'une banderole, avance la main vers son divin Maître.

Réplique du tableau du Louvre.

Bois. Haut., 32 cent.; larg., 26 cent.

SALVATOR ROSA

494 — *L'Embuscade.*

Debout sur un rocher, un officier dispose ses hommes pour un coup de main.

Signé du monogramme, sur un rocher.

Toile. Haut., 39 cent.; larg., 33 cent.

SARTO (attribué à ANDREA DEL)

495 — *Deux Anges.*

Deux petites peintures dans le même cadre, représentant deux anges, l'un tenant le voile de sainte Véronique, l'autre portant une colonne de marbre.

Études sur fonds dorés.

Bois. Haut., 14 cent.; larg., 06 cent.

SOLIMÈNE (FRANCESCO)

496 — *La Salutation angélique.*

L'ange Gabriel présente une tige de lis à la Vierge Marie agenouillée devant un prie-Dieu. En haut, Dieu le Père, au milieu d'une gloire d'anges.

Motif de plafond.

Toile. Haut., 66 cent.; larg., 63 cent.

SQUARCIONE (FRANCESCO)

497 — *La Bénédiction.*

Un jeune seigneur agenouillé reçoit la bénédiction de deux saints, ses patrons.

Collection Timbal.

Bois. Haut., 34 cent.; larg., 24 cent.

TIEPOLO (J.-B.)

498 — *Buste de la Vierge.*

Les yeux baissés, les mains croisées sur la poitrine, la tête enveloppée d'un voile blanc que recouvre un grand manteau bleu. Figure en buste.

Toile ovale. Haut., 28 cent.; larg., 21 cent.

TINTORETTO (JACOPO-ROBUSTI, dit IL)

499 — *Portrait de Philippe II d'Espagne.*

Coiffé d'une toque noire, vêtu d'une robe de soie blanche à parement de fourrure, il est assis devant un rideau jaune, le bras gauche sur l'accoudoir du fauteuil, et tenant le sceptre de la main droite. A gauche, à travers une fenêtre, on aperçoit la campagne.

Toile. Haut., 98 cent.; larg., 76 cent.

TINTORETTO (JACOPO-ROBUSTI, dit IL)

500 — *Portrait du doge Marco-Antonio* (1553).

De trois quarts, en buste, longue barbe blanche, coiflé du bonnet et enveloppé du manteau ducal en brocart d'or.

Toile. Haut., 67 cent.; larg., 54 cent.

TITIEN (attribué à)

501 — *Le repos de la sainte Famille.*

Assise au pied d'un buisson, la Vierge a sur ses genoux l'Enfant Jésus qui tend les bras au petit saint Jean, debout à côte de saint Joseph. Paysage boisé avec chaîne de montagnes à l'horizon.

Toile. Haut., 37 cent.; larg., 57 cent.

UCCELLO (attribué à PAOLO DONO, dit)

502 — *Portrait d'homme.*

Cheveux blonds, bonnet noir, justaucorps rouge. En buste.

Bois. Haut., 42 cent.; larg., 29 cent.

VELASQUEZ (attribué à)

503 — *Portrait de Philippe IV.*

Représenté en buste, de trois quarts, tourné vers la gauche, en justaucorps de soie garni de broderies d'argent, portant le collier de la Toison d'Or.

Toile ovale. Haut., 59 cent.; larg., 45 cent.

VELASQUEZ (attribué à)

504 — *Portrait équestre du duc d'Olivarez.*

Tête nue, le poing sur la hanche, fièrement campé sur un cheval gris, il galope sur le bord d'une rivière; un chien court à côté du cheval.

Toile. Haut., 37 cent.; larg., 29 cent.

VÉRONÈSE (PAOLO CALIARI, dit PAUL)

505 — *Grand plafond représentant les Dieux de l'Olympe.*

Jupiter, Apollon, Mars, Diane, Vénus et Mercure sont entourés de génies qui tiennent leurs attributs.

Ridolfi, dans *les Merveilles de l'Art, ou la Vie des peintres illustres de Venise,* donne, page 308, la description de ce plafond, qui se trouvait alors à Murano, dans le palais de Camille Trevisano.

Dimension : 6 m. sur 2 m. 75 cent.

VÉRONÈSE (PAOLO)

506 — *Une sainte.*

Représentée de face, en buste, vêtue d'une robe à reflets changeants, avec torsade d'étoffe brune faisant le tour du cou.

Un ample manteau de brocart à ornements noirs retombe sur les épaules; les cheveux relevés sur le front sont à demi couverts par un voile brun, coquettement drapé à la mode vénitienne. La tête se détache sur un nimbe rosé. Fond d'architecture.

Toile. Haut.; 73 cent.; larg., 61 cent.

VERROCCHIO (attribué à Andrea del)

507 — *La Vierge aux anges.*

L'Enfant Jésus, debout sur les genoux de sa mère, lui passe les bras au cou. De chaque côté est un ange agenouillé qui présente des fleurs.

Fond de paysage avec monuments.

Bois. Haut.. 92 cent.; larg.. 92 cent.

VOLTERRE (Daniel de)

508 — *La sainte Famille.*

La Vierge, l'Enfant Jésus donnant la main au petit saint Jean, sainte Anne, sainte Élisabeth et saint Joseph.

On lit, au bas de la toile : ALEXANDER HERCULES ET SEBASTIANUS FRES D'CAVOZZIIS, ob suam in virginem pietatem offerunt. AN. DMI M. D. XXXI. — DANIEL, DA. VOLTERA. FECI.

Toile. Haut., 1 m. 35 cent.; larg., 93 cent.

VINCI (Ecole de LÉONARD DE)

509 — *Sainte Élisabeth et le jeune saint Jean.*

Assise au bord d'une rivière, elle se penche pour prendre dans ses bras l'enfant qui joue avec un agneau ; à gauche, de grands arbres ; dans le fond, un château fort.

Bois. Haut., 27 cent.; larg., 20 cent.

ZURBARAN (attribué à)

510 — *Portrait de jeune fille.*

Collerette en guipure, collier de perles, robe rouge, chaîne d'or sur la poitrine.

Toile. Haut., 63 cent.; larg., 50 cent.

VELASQUEZ (attribué à)

511 — *Portrait d'homme.*

Moustaches et barbiche noires, type espagnol, visage coloré émergeant d'une fraise empesée à tuyaux, justaucorps de soie noire.

Petit portrait très finement peint.

Ovale cuivre. Haut., 10 cent.; larg., 7 cent.

ÉCOLE VÉNITIENNE

512 — *Portrait d'artiste.*

Représenté debout devant son chevalet, la palette à la main, occupé à peindre un portrait d'homme. Il est vêtu d'un pourpoint brun à petits crevés et collet droit, surmonté d'une petite fraise plissée.

Toile. Haut., 88 cent.; larg., 63 cent.

ÉCOLE ESPAGNOLE (XVIe siècle)

513 — *Triptyque.*

Trois volets de même dimension, peints sur les deux

faces et montés à charnière, dans un cadre en bois noir. Ils représentent les sujets suivants :

Jésus au mont des Oliviers;
La montée au Calvaire;
Le crucifiement;
L'évanouissement de la Vierge au pied de la croix;
La déposition de la croix;
La mise au tombeau.

Dimension de chaque sujet : haut., 13 cent. 1/2; larg., 10 1/2.

ÉCOLE ITALIENNE (XVIe siècle)

514 — *Portrait d'Alexandre Farnèse.*

En buste, portant une cuirasse à ornements dorés et une fraise plissée bordée de guipure.

Bois. Haut., 10 cent.; larg., 7 cent.

ÉCOLE ITALIENNE

515 — *Portrait d'un prince de la maison de Savoie.*

Il est revêtu de l'armure et tient un bâton de commandement. Figure à mi-jambes.

Cadre à moulures guillochés orné de feuillages de cuivre et de cabochons en agates, améthystes et pierres dures.

Cuivre. Haut. 15 cent.; larg. 12 cent.

ÉCOLE VÉNITIENNE

516 — *Portrait.*

Dans le même cadre, trois miniatures peintes à l'huile ; un cardinal vu de profil, un jeune homme tourné de trois quarts et une dame vénitienne en costume du XVIe siècle.

ÉCOLE ANGLAISE

LAWRENCE (Sir Thomas)

517 — *Portrait présumé du duc de Richelieu, ministre de Louis XVIII.*

De trois quarts, en buste, cheveux gris frisés, cravate blanche, habit noir, l'ordre du Saint-Esprit sur la poitrine. Esquisse.

Bois. Haut., 29 cent.; larg., 20 cent.

LAWRENCE (attribué à)

518 — *Portrait de femme.*

Jeune dame enveloppée d'un châle noir, les mains dans un manchon. Fond de paysage.

Toile. Haut., 32 cent.; larg., 26 cent.

REYNOLDS (Sir Joshua)

519 — *Portrait de madame Bower.*

Portrait de jeune femme, représentée de face, la tête couverte d'un voile de tulle qu'un perroquet, perché sur sa main, a saisi avec le bec.

Toile. Haut., 76 cent.; larg., 63 cent.

REYNOLDS (Sir Joshua)

520 — *Portrait de Mary Wharton, Mme Garland.*

A mi-corps, en robe verdâtre, décolletée, un ruban noir autour du cou, la main droite sur la hanche; elle lève la main gauche d'un geste indicateur.

Toile. Haut., 72 cent.; larg., 58 cent.

REYNOLDS (attribué à)

521 — *Portrait d'homme.*

Vieillard à barbe blanche, coiffé d'un bonnet brun et vêtu d'une houppelande noire à collet en fourrure.

Beau portrait, qui paraît être une œuvre de Reynolds peinte dans le sentiment de Rembrandt.

Toile. Haut., 63 cent.; larg., 48 cent.

ÉCOLE ANGLAISE

522 — *Portrait de jeune femme,*

De face, cheveux bruns bouclés, robe blanche, écharpe bleue passée sur l'épaule.

Bois. Haut., 12 cent.; larg., 10 cent.

ÉCOLE ANGLAISE

523 — *Portrait d'homme.*

L'air réjoui, les yeux vifs, le sourire aux lèvres, il porte une perruque à marteau, une cravate blanche, un habit violet boutonné.

Sur une plaque de métal. Haut., 10 cent.; larg., 8 cent.

524 — *Les tableaux non catalogués.*

www.ingramcontent.com/pod-product-compliance
Ingram Content Group UK Ltd.
Pitfield, Milton Keynes, MK11 3LW, UK
UKHW021826190726
13853UKWH00003B/1222

9 782329 611464